運動能力がグンと伸びる!

12歳までの最強ストレッチ

じ
ナー

徳間書店

はじめに

ストレッチが子どもたちの将来の財産になる！

はじめまして。谷けいじです。まずは簡単に自己紹介をさせてください。私はこれまでパーソナルトレーナーとしてトップアスリートから2歳の子ども、１０５歳の高齢者まで、幅広い層を２０００名以上、指導してきました。

その活動の一方、ここ数年来、小学校の課外授業を担当する機会にも恵まれてきました。そこでさまざまな子どもたちを見てきたのですが、ある時から、

「子どもたちの柔軟性が低くなっている」

と、実感するようになりました。

ジムに「肩こりや腰痛がひどい」という子どもが来るようになったり、課外授業でも柔軟性が低いために思い通りに動けない子が増えていたからです。

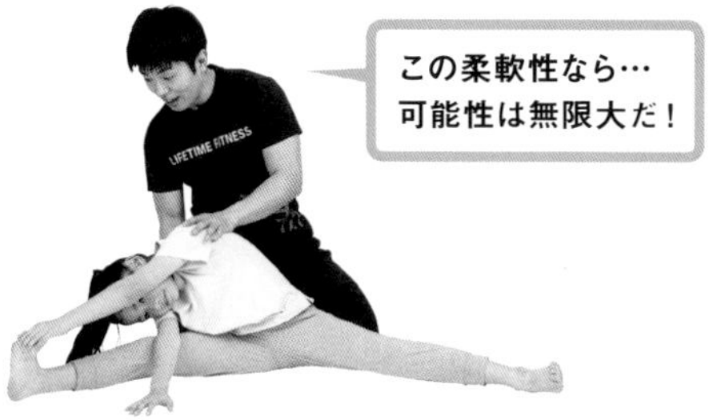
この柔軟性なら…
可能性は無限大だ！

スマホやゲームなどで長時間同じ姿勢でいるからでしょうか。実際に子どもたちの首や腰に触れて指導をすると、大人のように硬くなっている子がいます。とはいえ、スマホやゲームが悪いわけではありません。たとえ勉強であっても、長時間同じ姿勢でいれば、やはり腰痛や肩こりになります。

問題は同じ姿勢を長時間繰り返すこと。それを防ぐために、「少しの時間でもできるストレッチを日々の習慣にしてほしい」というのが、現場で子どもたちを見ている私の切なる願いです。そして今回、その願いを形にしたのが本書です。

柔軟性は体作りの土台です。柔軟性が高まると、運動ができない子は運動ができるように、できる子はもっとできるようになります。さらに、姿勢がよくなるので集中力がアップし、勉強にもいい効果をもたらします。柔軟性を高めることは、いいことばかりなのです。

本書では、柔軟性を高めるストレッチを中心に、その柔軟性を実際の運動につなげるトレーニングも紹介しています。日々のストレッチで体の柔軟性を高め、運動をしていく。その繰り返しが、不調の改善や運動能力のアップ、さらにはアスリートとしての可能性まで高めることになります。

子どもたちの将来のためにも、本書でストレッチの習慣を身につけましょう。

お悩み
Q&A

Q.1

体の「硬い」「柔らかい」は遺伝だから、
頑張っても意味がないのでは？

A.

体が「硬い」のは
遺伝ではありません。
生活習慣の影響が大きいです。

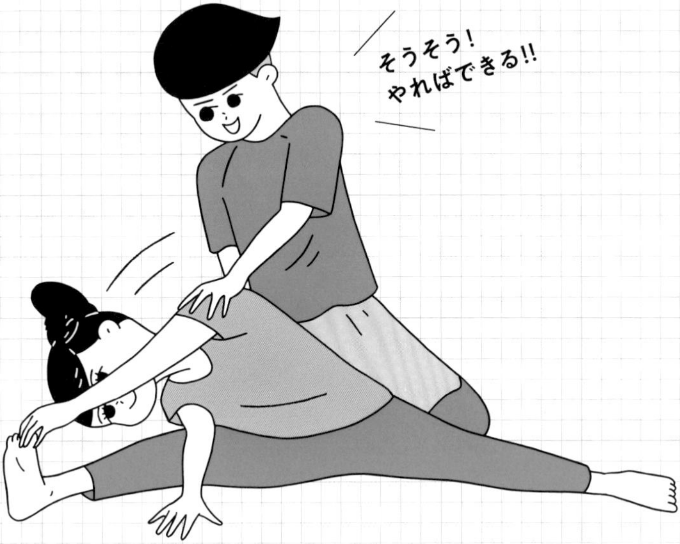

お父さん、お母さんなら、お子さんが赤ちゃんだった頃を思い出してみてください。「赤ちゃんは体が柔らかい」という記憶がありませんか？　そうです。体が硬い赤ちゃんはあまりいません。

とはいえ、生まれつき「筋肉が短く」、筋肉と筋肉をつなぐ「腱が長い」という子はいます。腱はほぼ伸びないので、筋肉が短い人の場合、長い人に比べると伸びないという可能性はあります。それでもストレッチで適切な柔軟性を保つことは可能です。

体が硬いか柔らかいかは、遺伝より生活習慣や環境の影響が大きいです。「ゲームやスマホなどで背中が丸まった状態を長く続けている」「体を動かす機会が少なく、関節の可動域をあまり使わない生活になっている」など、体にマイナスなことを日々積み重ねた結果、筋肉が硬くなってしまったのです。

この機会に、本書のストレッチを生活の中に組み込んでみれば、1カ月ほどで、柔軟性に大きな変化が生まれるはずです！

お悩み Q&A

Q.2 体は硬いけれど運動はよくできるから、無理してストレッチさせなくてもいい？

A.
「柔軟性」は体作りと
すべての運動の土台。
体は硬いけれど運動ができる
そんな子こそストレッチを！

ゴムのような
体をめざそう！

12歳ぐらいまでの子どもでスポーツが上手な子は、体が「柔らかい」より、「硬い」子のほうが多い印象があります。体が硬い子は、筋肉の収縮力が強いとも言え、瞬発的な力や大きな力を出すのが得意な子が多いからです。

しかしそれは、「体が強く」「馬力がある」ことで結果を出せてしまう子ども時代だからこそ。「柔軟性」がないことで、将来的に体を痛めたり、「スキル」が身につかない可能性があります。つまり、体作りの土台は「柔軟性」なのです（P26参照）。

柔軟性に筋力を備えた「弾力性」のある体が体作りの理想。わかりやすいイメージは、漫画『ワンピース』の主人公ルフィです。ゴム（＝弾力性がある）だからケガをしない体になり、その弾力性のある体で身につけたスキルを使いながら、さまざまな強敵を倒していきます。

本書ではストレッチとは別に、運動会で活躍すべく走力や跳躍力などを高めるトレーニングを掲載。弾力性のあるルフィのような体作りをめざします！

お悩み
Q&A

Q.3

受験勉強があるので、
ストレッチより勉強をさせたいのですが…

A.

ストレッチで
正しい姿勢が身につくと
集中力がアップし、
勉強にプラス効果が!

主な抗重力筋

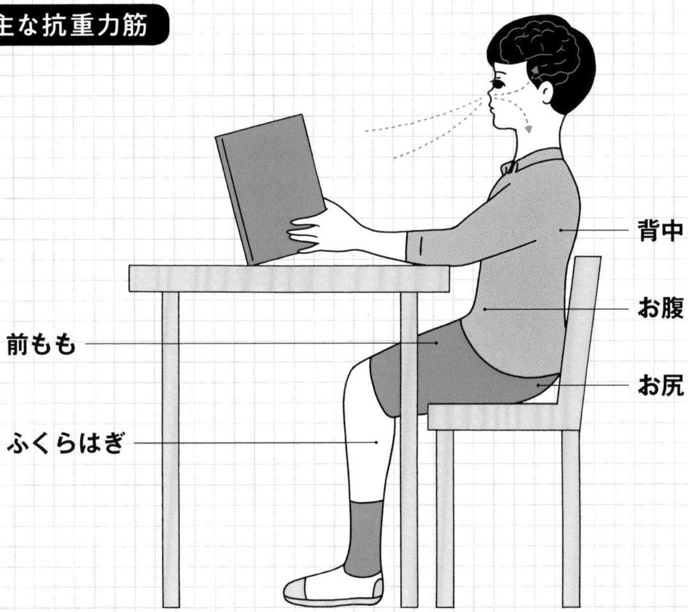

姿勢を整えると学力が上がると言われています。背筋が伸びた姿勢は、空気をより多く取り込めて、脳に十分な酸素が行き渡ります。すると、集中力が高まり、勉強がはかどるからです。

逆に背中が丸まると、胸も丸まり肋骨が内側に閉じます。すると、呼吸が浅くなり、脳に行く酸素量が少なくなるため、集中力を欠いた状態になりやすいのです。

つまり、姿勢のよし悪しは呼吸の深さ浅さであり、脳に十分に酸素が行き渡るかどうかにつながるのです。その結果として、「学力」と「姿勢」は相関性があると言われています。

正しい姿勢のポイントは「抗重力筋」です。文字通り、重力に抗う筋肉で、背中やお腹、お尻、ふくらはぎなどの部位にあり、これらが硬いままだったり、筋力不足だったりすると姿勢が悪くなります。

本書のストレッチは、この抗重力筋にもアプローチするもの。毎日少しの時間をストレッチにあてれば、その分、勉強がはかどるはずです。

結論！

- 柔軟性を高めることは
  誰にでもできる！
- 弾力性のある体作りをして
  運動会やスポーツテストで活躍！
- 高い集中力で勉強が進み、
  学力もアップ！

つ・ま・り

本書を読んでトレーニングすれば、
柔軟性が高まるだけでなく、
運動能力も学力もアップ！
子どもの可能性が
グンっと高まります!!

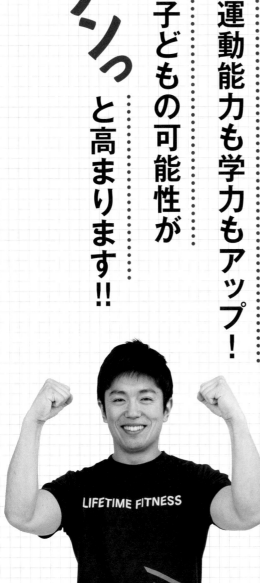

本書の使い方

PART 1 (P17~)

柔軟性をGETして伸びる子どもをめざせ!

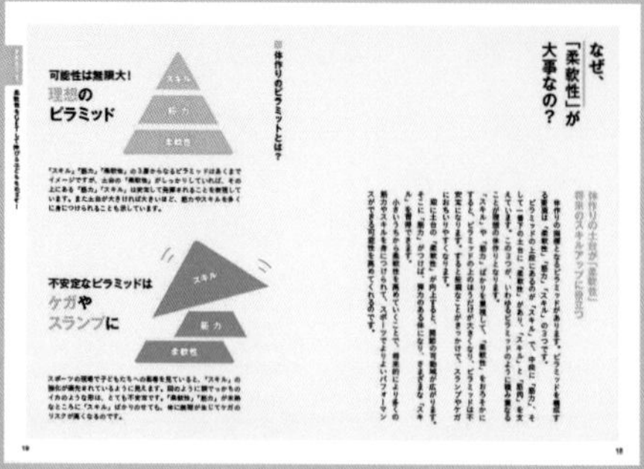

ここで、柔軟性の大切さや体が柔らかくなる仕組みをチェック

↓

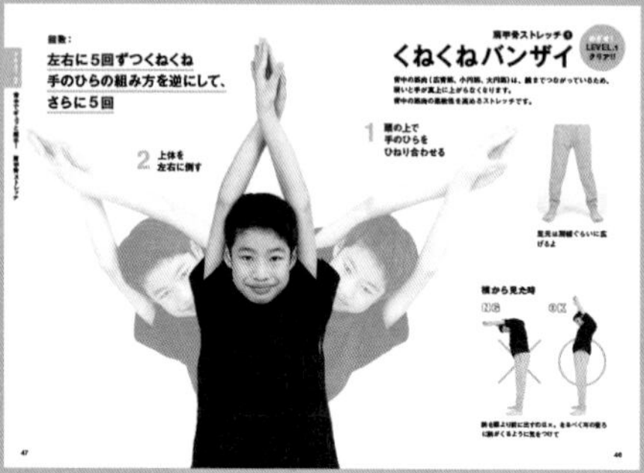

PART 2 (P41~)

背中でギュッと握手! 肩甲骨ストレッチ

PART 3 (P57~)

ペタッと前屈! もも裏ストレッチ

PART 4 (P73~)

ペターッと開脚! 股関節ストレッチ

体の先（肩甲骨）から中心（股関節）に向かって体をゆるめていくよ

↓

PART 5 (P89~)

運動能力アップ! コーディネーショントレーニング

柔軟性を高めたら、実際の運動に役立つトレーニングに挑戦しよう

※ストレッチの効果には個人差があります。予めご了承ください。

12歳までの最強ストレッチ●もくじ

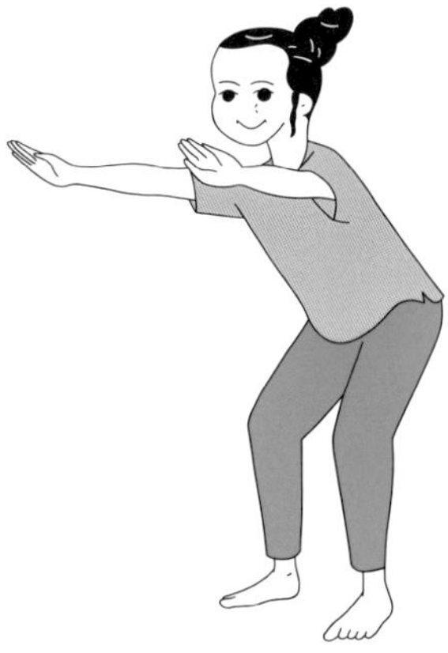

PART 2
背中でギュッと握手！肩甲骨ストレッチ

PART 3
ペタッと前屈！もも裏ストレッチ

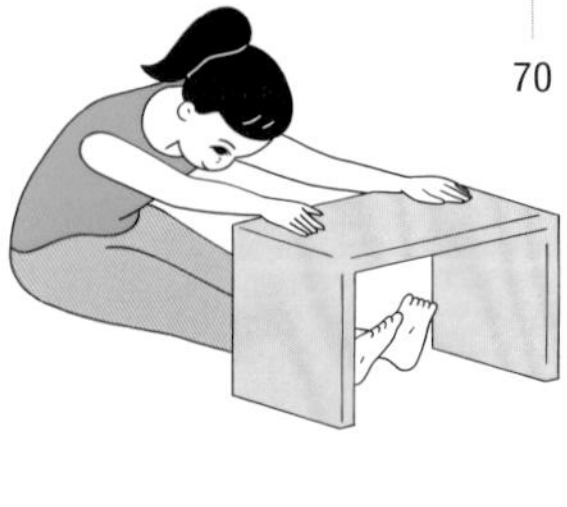

PART 4

ペターッと開脚！股関節ストレッチ

PART 5

運動能力アップ！コーディネーショントレーニング

写真：笹野忠和（BLiX）
イラスト：石山好宏
装丁＋本文デザイン：柿沼みさと
構成：オフィスON
編集：田口　卓

【参考書籍】
『脳を鍛えるには運動しかない！
最新科学でわかった脳細胞の増やし方』（NHK出版）
『やさしい生理学 改訂第6版』（南江堂）

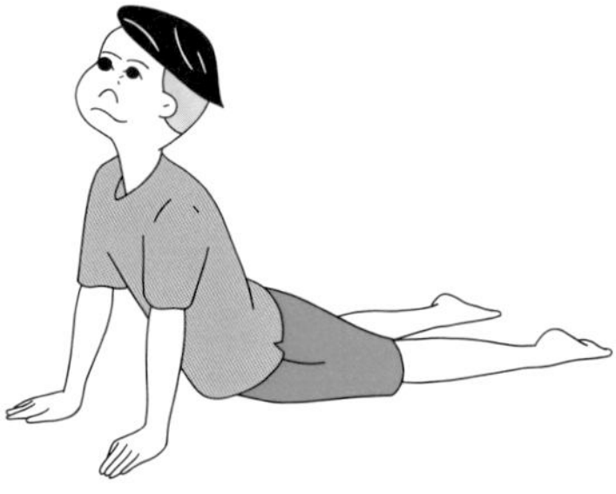

PART 1
柔軟性をGETして
伸びる子どもをめざせ!

なぜ、「柔軟性」が大事なの？

体作りの土台が「柔軟性」
将来のスキルアップに役立つ

体作りの指標となるピラミッドがあります。ピラミッドを構成する要素は「柔軟性」「筋力」「スキル」の3つです。

ピラミッドの上段にあるのが「スキル」で、中段に「筋力」、そして一番下の土台に「柔軟性」があり、「スキル」と「筋肉」を支えています。この3つが、いわゆるピラミッドのように積み重なることが理想の体作りとなります。

「スキル」や「筋力」ばかりを重視して、「柔軟性」をおろそかにすると、ピラミッドの上のほうだけが大きくなり、ピラミッドは不安定になります。すると些細なことがきっかけで、スランプやケガにおちいりやすくなります。

逆に土台の「柔軟性」が向上すると、関節の可動域が広がります。そこに「筋力」がつけば、弾力のある体になり、さまざまな「スキル」を習得できます。

小さいうちから柔軟性を高めていくことで、将来的により多くの筋力やスキルを身につけられて、スポーツでよりよいパフォーマンスができる可能性を高めてくれるのです。

体作りのピラミットとは？

可能性は無限大！
理想のピラミッド

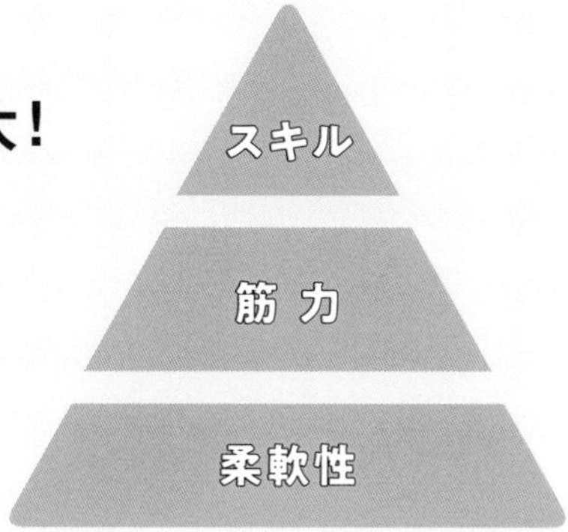

「スキル」「筋力」「柔軟性」の3層からなるピラミッドはあくまでイメージですが、土台の「柔軟性」がしっかりしていれば、その上にある「筋力」「スキル」は安定して発揮されることを表現しています。また土台が大きければ大きいほど、筋力やスキルを多くに身につけられることも示しています。

不安定なピラミッドは
ケガやスランプに

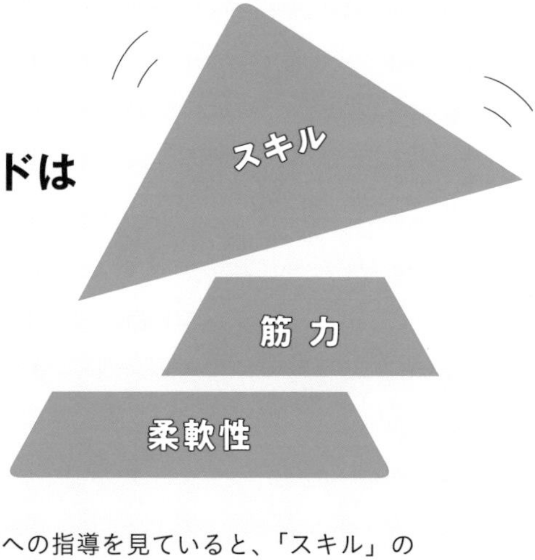

スポーツの現場で子どもたちへの指導を見ていると、「スキル」の強化が優先されているように見えます。図のように頭でっかちのイカのような形は、とても不安定です。「柔軟性」「筋力」が未熟なところに「スキル」ばかりのせても、体に無理が生じてケガのリスクが高くなるのです。

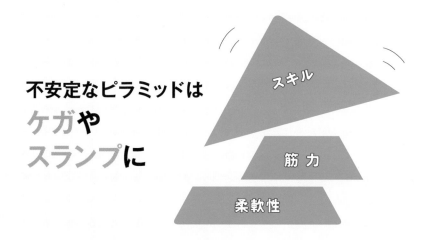

硬い体のデメリットはなに？

運動嫌いを助長し、ケガや成長痛が起こりやすくなる

体が硬いと関節の可動域が狭く、思い通りに動けません。自分のイメージと実際の体の動きが違うと、動くのが嫌になってしまうもの。それによって子どもの運動嫌いが助長されます。転んだ時の対応力も低くなり、ケガの要因にもなります。

柔軟性の欠如は、10〜15歳の成長期によくある「成長痛」の一因にもなります。成長痛は骨の成長に筋肉や腱がついていけずに、全身のさまざまな場所に痛みが出るのですが、筋肉に柔軟性があると、その痛みを回避できます。

運動している子で多いのは、ひざの曲げ伸ばしの時に痛みが出るオスグッド・シュラッター病です。サッカーやバスケットボールなどをやっている子に多く見られます。

ほかにも「野球ひじ」「テニスひじ」なども有名です。いずれも筋肉が硬いことやそれによって関節の可動域が狭いことが原因です。大人のように腰痛や肩こりに悩む子もいます。

姿勢が悪くなることもデメリットでしょう。姿勢が悪いと脳に十分な酸素供給ができず、集中力が乱れ、学力の低下の要因になります。

硬い体はケガや不調のもと

オスグッド病や野球ひじ・テニスひじ

オスグッド病は太ももの前の筋肉が硬いことが原因で、ひざ下の骨を引きはがしてしまい、お皿の下がふくらんで痛みを発します。予防には日々のストレッチで筋肉をほぐすこと。野球ひじやテニスひじは、使い過ぎが原因で、肩や股関節の柔軟性を高めることが一番の予防になります。

肩こりや腰痛集中力の低下

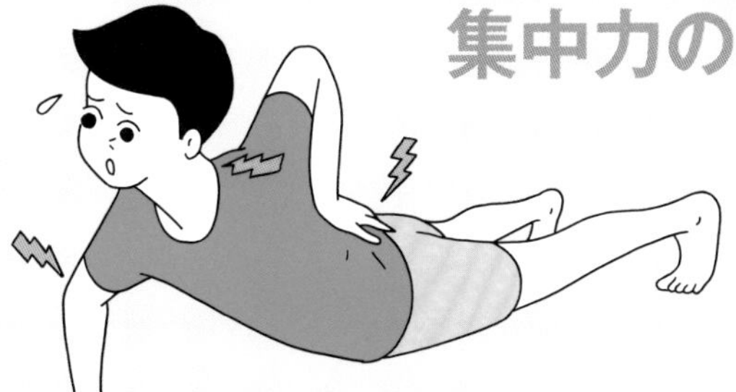

肩こりや腰痛持ちの子が増えているようです。ゲームやスマホを丸まった姿勢で長時間楽しむことが増えたからでしょうか。長時間同じ姿勢でいると筋肉は硬くなり、肩こり・腰痛の原因になるだけでなく、姿勢を悪くし、集中力を低下させます。生活習慣を見直し、ストレッチを取り入れましょう。

なぜ、体は硬くなってしまうの？

筋肉は自然と「収縮」するが、勝手に「伸びる」ことはない

筋肉には、「縮む」ことはできるが、自然に「伸ばす」ことができないという特性があります。意図して伸ばさないかぎり、歩いたり立ったりの日常的な動きや運動で収縮を繰り返している筋肉をゆるめることができないのです。

では、何もしなければ、筋肉は収縮しないのだから、柔らかくなるのでしょうか。

答えはＮＯ。筋肉は使わないと衰えてしまい、すると関節を思うように動かせず、結果的に柔軟性がやはり低下します。さらに、衰えた筋肉で体を動かそうとすれば、その筋肉に過度な負担がかかるので余計に硬くなってしまいます。

つまり、筋肉を柔らかくしたいなら、意識して「伸ばす機会」を増やすこと。極端な運動不足であれば、「体を動かす機会」を増やすことが大事なのです。そこで必要なのが、ストレッチです。

体が硬いデメリットは前項で記したとおり。逆に体が柔軟であれば、関節の可動域が広がり、思い通りに動ける体になります。加えて、ケガの防止、姿勢がよくなる…など、いいことばかりです。

ストレッチで硬い体が柔らかくなると

思い通りに体を動かせる

関節の可動域が広がることで、イメージ通りに体を動かせます。動けないから動かなくなる負のスパイラルから脱却し、運動嫌いから運動好きに変わります。

ケガを防げる

関節の可動域が広がると、何か大きな負荷がかかった時や、急に体勢を立て直す必要がある時などに柔軟に対応でき、ケガを防げます。

姿勢がよくなる

猫背などの原因の1つは、筋肉が硬いこと。肩甲骨や腰周辺の筋肉のバランスをストレッチで整えることで、姿勢がよくなります。

ゴールデンエイジの時期こそストレッチが大事

9歳から12歳は一生に一度の黄金のスポンジ時期

運動神経が飛躍的に向上する9歳から12歳までの年代は、ゴールデンエイジと呼ばれています。「スキャモンの発達曲線」によると神経系統の発達がほぼ完成に至るため、はじめての運動も見よう見まねでできるようになるなど、大きな成長が期待できる時期です。その吸収力をスポンジにたとえて「黄金のスポンジ時期」とも言われています。

この時期に大切なのは、いかに吸収できる状態にあるか、ということ。そして、その状態の鍵を握るのが、ずばり体の「柔軟性」なのです。

運動を学習する際に妨げとなるのが、体の「硬さ」だからです。体が硬いと「見よう見まね」の「見まね」ができず、うまく運動神経を伸ばせないことになります。また、体の成長期と重なることから、体が硬いと成長痛などで学習機会を失う可能性も生じます。

つまり、「最高」のゴールデンエイジを過ごすための「最強」の土台が柔軟性なのです。一生に一度のスポンジ時期に、ぜひストレッチ習慣を身につけましょう。

ゴールデンエイジってなに？

スキャモンの発達曲線

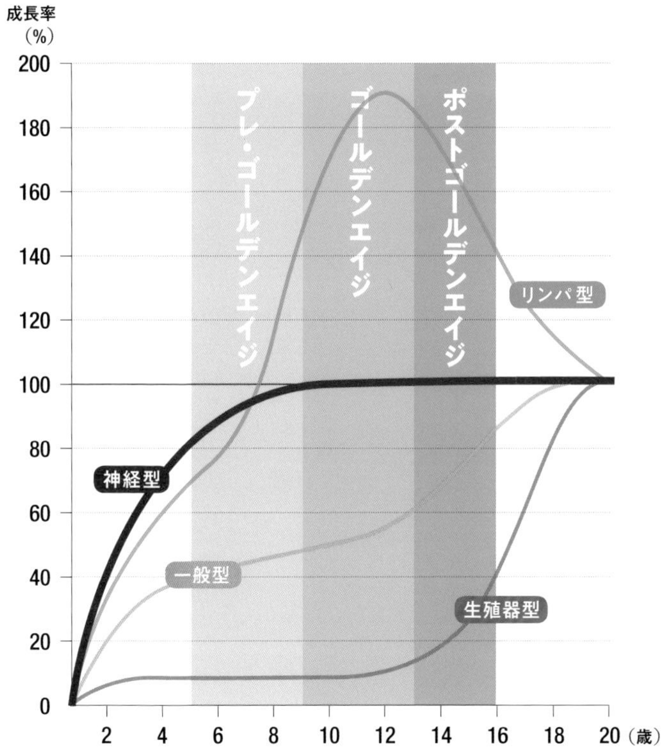

プレゴールデンエイジ
5～8歳

かけっこや鬼ごっこ、ボール遊びなど、遊びながら「基本的な運動動作」を身につける時期。

ゴールデンエイジ
9～12歳

神経系統がほぼ完成してきて、技術の習得にもっとも適した時期。大きな成長が期待できる。

ポストゴールデンエイジ
13～15歳

骨や筋肉の発達が著しい第二次成長期。体が大きく成長し、パワーやスピードが身につく。

神経型＝脳など神経系統の発達　一般型＝身体の発達
生殖器型＝生殖器の発達　リンパ型＝免疫機能の発達

正しい姿勢と運動で学力向上！

姿勢と脳、運動と脳は密接な関係
ストレッチと運動は将来に役立つ！

姿勢を整えると学力が上がるというのは、P8で記した通り。背筋が伸びていると、胸郭が開いて酸素を多く取り込めて、脳が活性化するからです。正しい姿勢を持続すると集中力や記憶力も高まります。

一方、猫背だと呼吸が浅くなるので、疲れやすくなったり、集中力が散漫になったり、視力が悪化するなどのデメリットがあります。

このように正しい姿勢を常日頃意識することが重要なのですが、学力向上に役立つという点は、「運動」も同じです。

アメリカのある学区で1時間目の授業の前に「0時間体育」を始めたら、生徒の成績が大きく伸びたそうです。特にその効果が大きかったのが、運動後の1時間目の教科でした。運動と脳の密接な関係を示す一例です。

体育は、運動能力だけでなく、友達と一緒に体を使うことでコミュニケーション能力を高めたり、「どうやったらうまくできるか」と想像力や考える力を育みます。ストレッチや運動は、勉強と同じように子どもの将来に役立つのです。

正しい姿勢の見分け方

正しい姿勢のススメ

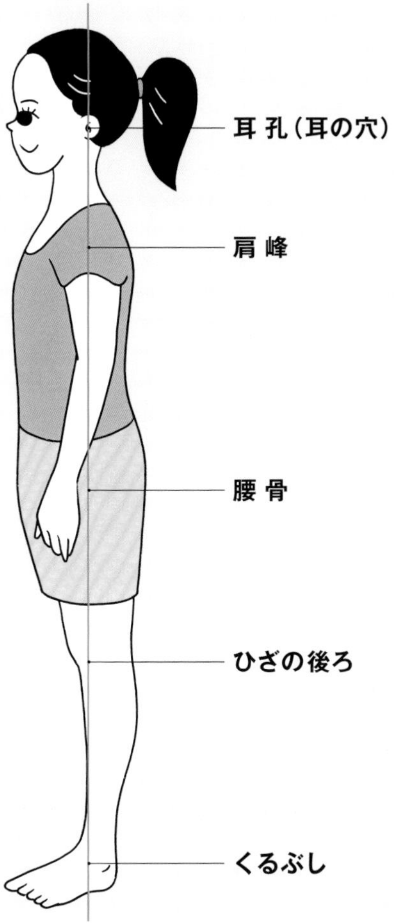

立っている時の正しい姿勢は、横から見た時に、「耳孔（耳の穴）」「肩峰」「腰骨」「ひざの後ろ」「くるぶし」が一直線になっている状態です。座っている時は「耳孔」「肩峰」「腰骨」の３点が一直線になります。また、足を組んだり、頬づえをついたりするクセがあると、姿勢が悪くなるので注意を！

コーディネーション能力を高めて運動会で活躍！

運動神経を形作る7つの能力
コーディネーション能力を高めよう！

「運動神経がいい」と言われる子どもは、コーディネーション能力が高いと言われます。コーディネーション能力とは、自分が思った通りに体を動かせる、神経系統の能力のこと。「リズム」「バランス」「変換」「反応」「連結」「定位」「識別」の7つの能力に分類され、1つ1つの能力を組み合わせてあるゆる動きが生み出されます。

これらの能力を鍛えるのに有効なのがコーディネーショントレーニングです。

本書で紹介するトレーニングは、運動会の花形・短距離走で活躍できるように、これらの能力を高める動きを詰め込みながら、最終的に「走力」アップにつなげていきます。また、さまざまな競技に役立つように、「跳躍力」「投擲力」「キック力」を高めるトレーニングも紹介していきます。

そしてこのコーディネーション能力を発揮するのに大事なのが、体の柔軟性。脳が反応して体を動かそうとしても、可動域が狭いと思い通りの動きができません。運動でいい結果を出すためには、やはりストレッチが欠かせないのです。

コーディネーション 7つの能力

1 リズム

タイミングに
上手に合わせる
能力

2 バランス

バランスを取ったり
体勢を立て直す
能力

3 変換

変化に対応して
すぐに対処する
能力

4 反応

合図などに
すばやく対応する
能力

5 連結

体をスムーズに
動かす能力

6 定位

物や人と自分との
位置関係を把握
する能力

7 識別

手や足、道具などを
うまく操作する
能力

サッカーでドリブルしている時は「リズム」「バランス」「連結」といった能力が働き、バスケットボールでパスを受ける時は「バランス」「変換」「反応」「定位」が働いています。

ストレッチは体を温めてからやろう！

毎晩お風呂上がりのタイミングがベスト

関節や筋肉にある液体は、冷えているとネバネバに、温かいとサラサラに粘度が変化します。この現象をチキソトロピーというのですが、当然サラサラのほうが可動域は広がり、ネバネバしている時に無理に伸ばせばケガをする恐れがあります。

体が温まっていると伸びやすいという点で、入浴後がストレッチをするいいタイミングです。それがむずかしければ、ストレッチ前の体操（P34〜39）をしたり、部屋の温度を上げる、厚着をするなどして、体を温めてから始めましょう。

そしてストレッチは、毎日やります。筋肉には、伸ばし過ぎた時に痛みの信号を出す「筋紡錘」というセンサーがあり、痛みを出す基準をゆるめるには、ストレッチを通して「何度も」少しずつ伸ばす幅を広げないとゆるめられないのです。

しかもやっかいなことに、体が硬い人の場合、その硬い状態を基準にして伸び過ぎを防止します。だからこそ、お風呂上がりの、体が伸びやすい状態でストレッチを「毎日」して、筋紡錘のセンサーを少しずつリセットしていくことが大事なのです。

入浴中のマッサージで疲労回復

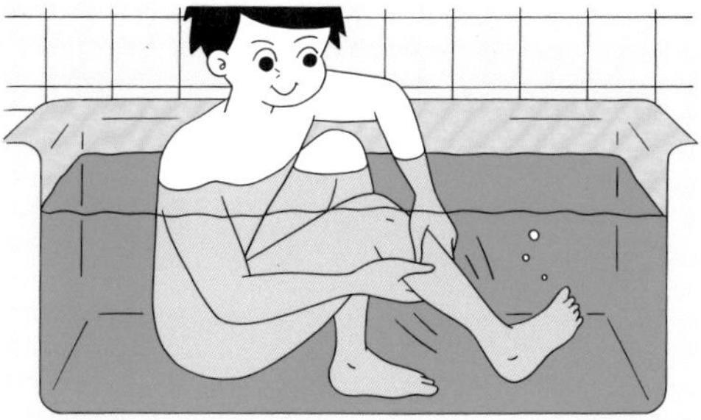

入浴には疲労回復を早める効果がありますが、さらに、老廃物が溜まりやすいスネの骨の際とふくらはぎをマッサージするとより効果的です。そして睡眠の約1時間前に入浴をすませるのが理想です。

ストレッチで睡眠の質がアップ

入浴後の温まった体でストレッチをすると、柔軟性が向上しやすく、全身の血流がよくなります。そして老廃物を除去し、全身に栄養が行き渡るので疲労回復効果を高めるだけでなく、寝つきもよくなります。

ストレッチのポイントと注意点

「痛い」ではなく「痛気持ちいい〜」「つらい」ではなく「楽しく」やろう!

柔軟性を高めるために、「無理」は厳禁。無理矢理やらせようとすれば体は緊張して伸びづらくなりますし、無理に伸ばそうとしたら体を痛めることになります。まずは親子で「どこまでできるかな?」と楽しみながらやりましょう。

前項で説明したように、体を伸ばそうとすると筋紡錘というセンサーが反応して痛みの信号を出します。痛みを感じなければ、伸びていない証拠。とはいえ、どのレベルの痛みまで伸ばすのが、ストレッチとして効果的なのでしょうか。答えは、伸びを感じながら「痛気持ちいい〜」と思える程度。「痛い!痛い!」となるのは、逆に体が防御反応を示して、伸ばしたい部位を硬くしてしまいます。

ストレッチは柔軟性を高めるためのもの。体が緊張するようなことを避けるのが基本です。体をゆるめるのですから、「ゆるゆる」とやっていきましょう。そして、前屈で指先が床につかなかったのがつくようになったり、ほんの少しでも以前より伸びるようになったら、しっかりほめてあげましょう。「できた!」という成功体験を積み重ねていくことにつながります。

ストレッチを始める前にチェック！

痛みのレベルは「痛気持ちいい～」

強く痛みを感じるレベルまで体を伸ばそうとすると、ケガをする可能性が高まります。痛みは体を緊張させるので、伸ばしたくても逆に筋肉を硬くさせてしまいます。伸びている気持ちよさが残る程度にやりましょう。

ストレッチ中は呼吸を止めない

伸ばそうと思って呼吸を止めたり、いきんだり（怒責呼吸）はしないでください。これも筋肉が緊張して硬くなってしまいます。むしろゆっくりと呼吸をし、体全体をリラックスさせながら行いましょう。

寒いところではやらない

寒いところでストレッチをすると、関節や筋肉が硬い状態のままストレッチを始めることになり、ケガをする可能性があります。体を温めると関節や筋肉はすこし柔らかくなるので、その状態から始めるほうが無理なく効果的です。

急に大きな動きをしない

前屈などでいきなり床に手をつけようとするのではなく、最初はひざ下あたりにタッチするなど、小さい動きから始めて徐々に大きい動きをするようにしてください。いきなり可動域を広げる動きをすると、やはりケガの可能性を高めます。

正常関節可動域の範囲内で

体の各関節が､ケガや傷害などを起こさずに動く範囲（角度）のことを正常関節可動域と言います。本書のストレッチはいずれもその範囲内をめざすものです。本書で紹介する以上の柔軟性を求めると、ルーズショルダー（肩関節が外れやすくなる）などの弊害が起きる可能性があります。

ストレッチ前の準備体操 ❶

ぶらぶらジャンプ

ストレッチは体を温めてから行うと安全かつ効果的。
これから紹介する3つの体操をしてから、
ストレッチをスタートしよう！

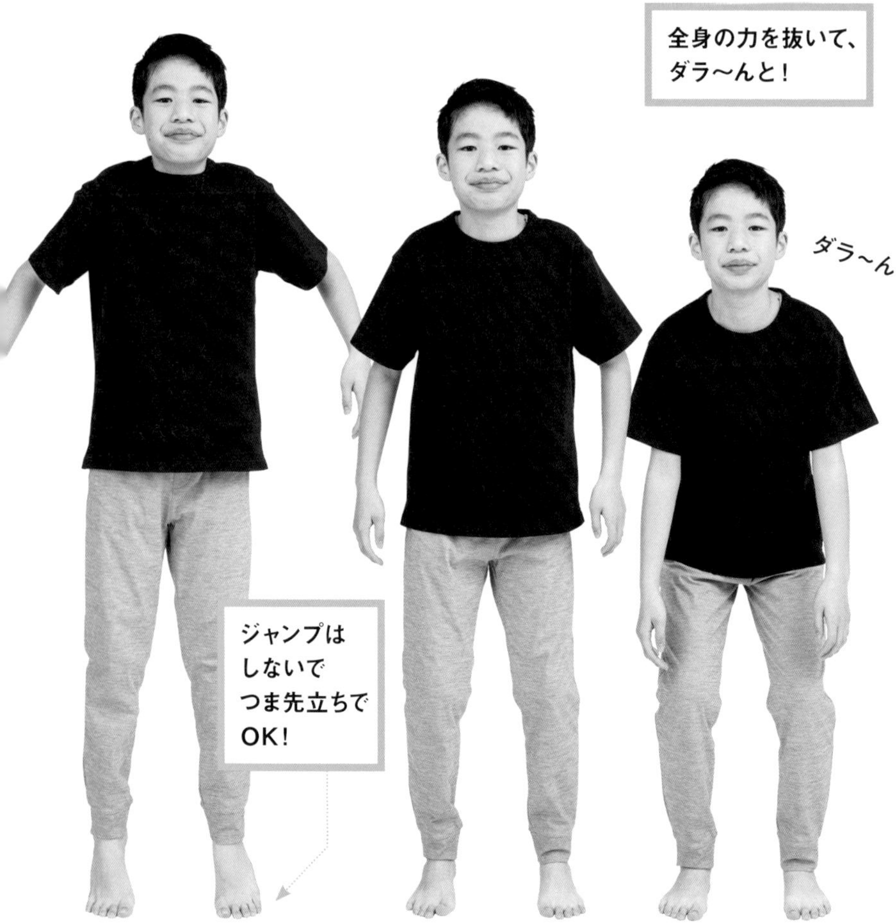
全身の力を抜いて、
ダラ〜んと！
ダラ〜ん
ジャンプは
しないで
つま先立ちで
OK!

回数：

20回ジャンプ

効果 関節をゆるめる！

脱力して体をぶらぶら揺らすことで、
関節をゆるめることができる

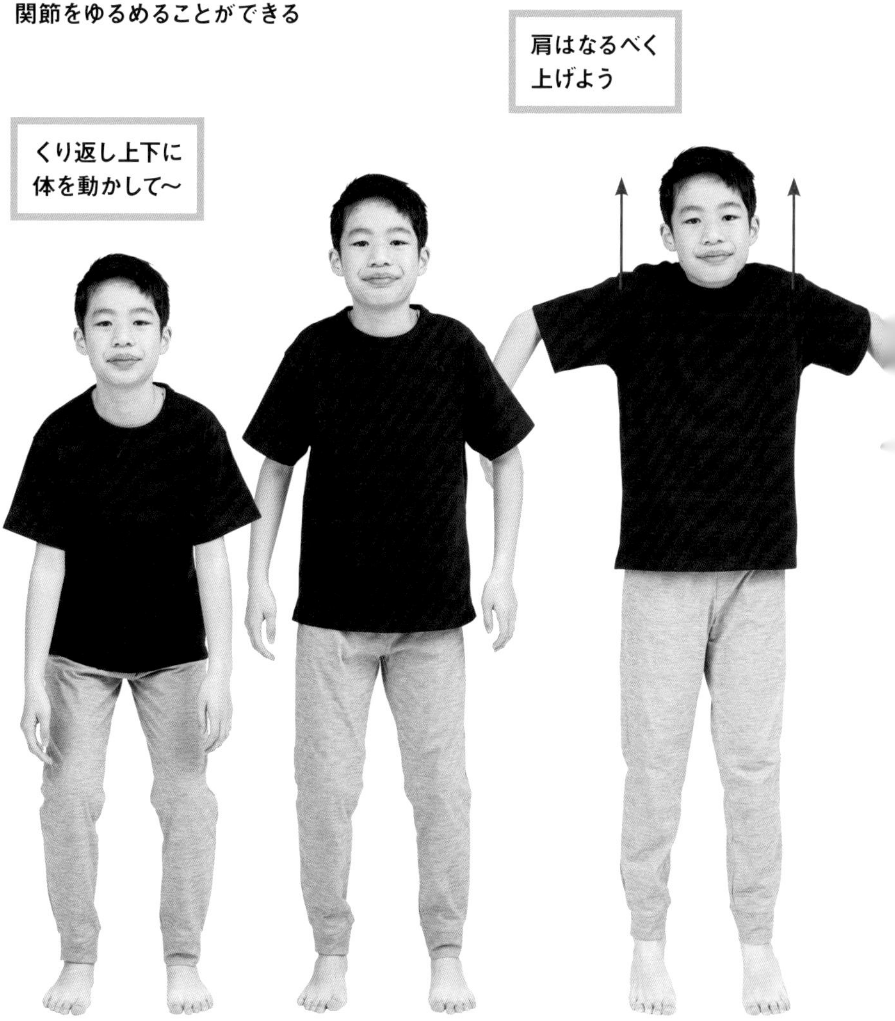
肩はなるべく上げよう
くり返し上下に体を動かして〜

ストレッチ前の準備体操 ❷

もも上げウォーク

体を温めるためには、体の中でも大きな筋肉がある
足腰を積極的に動かすと効率がいい。
一気にストレッチしやすい体になります。

イチ!

ももをなるべく
高く上げよう!

回数：

30回（片足15回）

効果 体が温まる！

大きな筋肉を動かすので一気に血流がよくなり、
筋温（筋肉の温度）が上がってストレッチしやすい状態にな。

ニッ！

イチ、ニッ、イチ、ニッと
リズムよくやってね

ストレッチ前の準備体操❸

ジャンピングジャック

足腰から全身へと血をよりめぐらせる体操で、
いつでもストレッチができるアイドリング状態の体にしよう。

「気をつけ!」の
姿勢でスタート
ジャンプしながら
手と足を
大きく広げよう
ピョン!

回数:

20回

効果 準備バッチリの体に!

ダイナミックな動きでさらに血流がよくなる。心臓がドクドクして体を動かす用意ができた状態になる。

飛び上がったら
両手を合わせて!

気をつけの姿勢で着地。
リズムよく繰り返そう

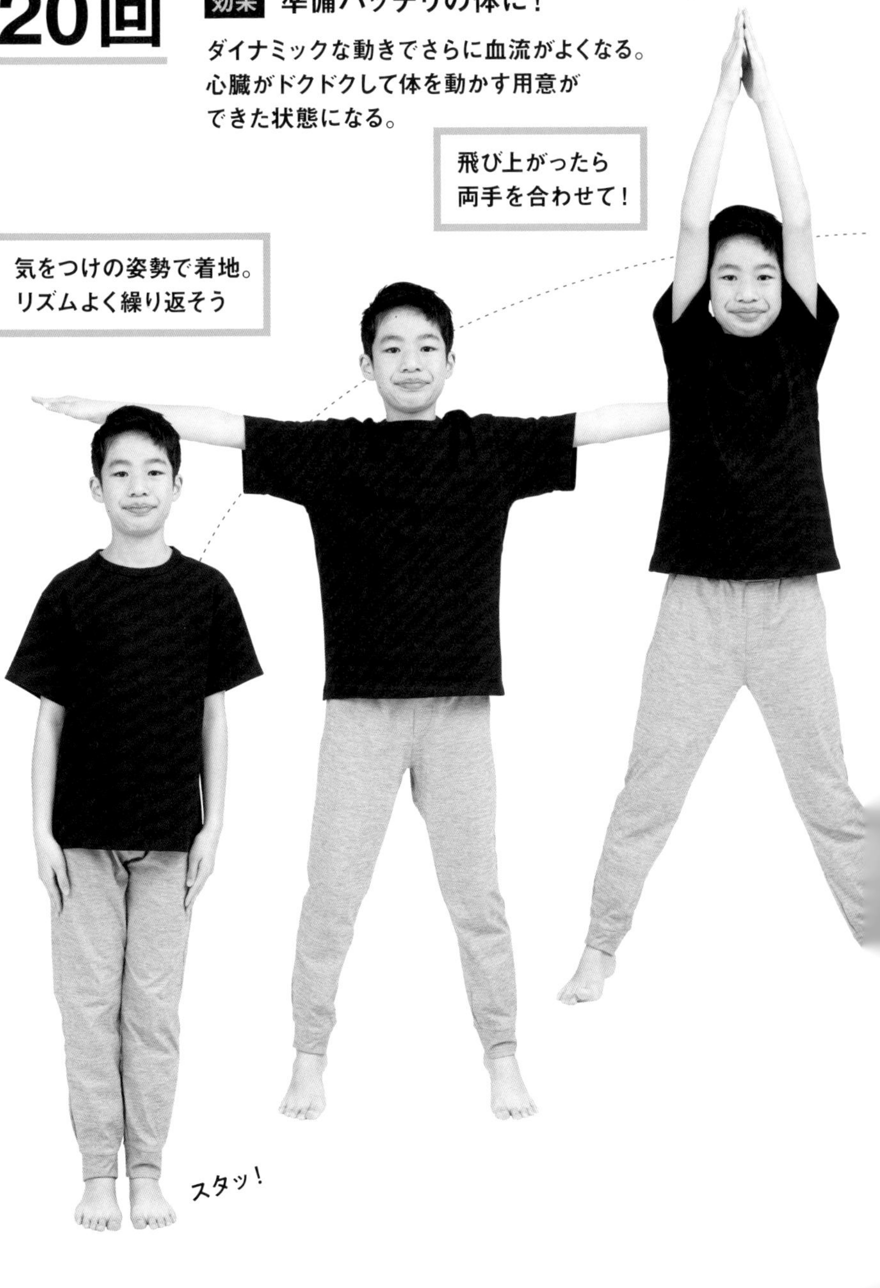

声がけパターン1

子どもにストレッチをやらせたいのですが、いい声がけはありますか？

“目の前のニンジン作戦が効果的！”

ストレッチの動き自体は地味ですし、やってみて「楽しい！」というお子さんは少ないでしょう。加えて、ストレッチをするとなぜいいのか、本書に書いてあることを説明しても、なかなか子どもには理解しづらいかもしれません。

とはいえ、柔軟性が高まると、パフォーマンスは明らかに上がるのは事実。そこで、野球やサッカーなどスポーツをやっている子であれば、それぞれの種目に合わせて、ストレッチをすることでできるようになることを示してあげましょう。

野球ならば「球速が上がるよ」。サッカーなら「もっと強いシュートが打てるようになる！」などです。つまり、子どもの目の前にニンジンをぶら下げる作戦です。

運動していない子には、スポーツテストと紐づけるといいでしょう。「去年より50m走を速く走れるようになるよ」「長座体前屈でもっといい数字が出るよ」などです。

PART 2
背中でギュッと握手!
肩甲骨ストレッチ

これ、目標！

肩甲骨の柔軟度を4段階に分けてチェックします。自分の柔軟度を確認して、最終的にはレベル4をめざしましょう。

LEVEL.1
バンザイ上げ下げ

1
手のひらを外側に向けて高く上げる

2
ひじを肩よりも下に下げる

Check!
- □ 背筋がピンとしている
- □ 肩甲骨がしっかり閉じている

NG

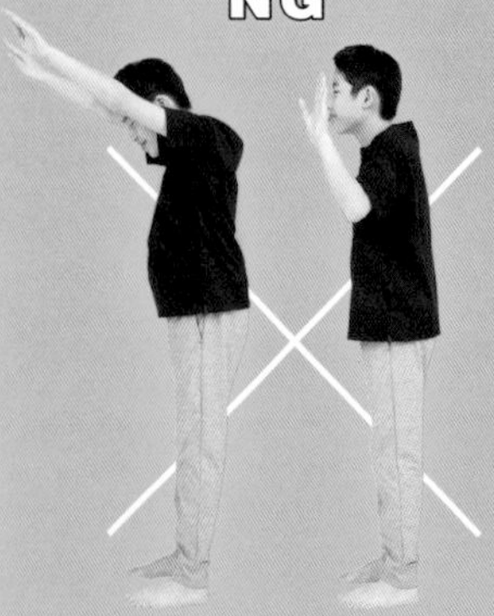

手や腕が耳より前の位置にあるとダメだよ

LEVEL.2
肩ひねり

1 手の甲を腰につけたまま

2 ひじを前に

Check!

□ 肩甲骨がしっかり開いている

OK

手が腰から離れないようにね

これ、目標！

LEVEL.3

手組みおじぎ

1 足を肩幅より
広く開いて、
後ろで手をくむ

2 そのまま
お辞儀をする

Check!

□ 腕と背中の間の角度が
90 度以上開く

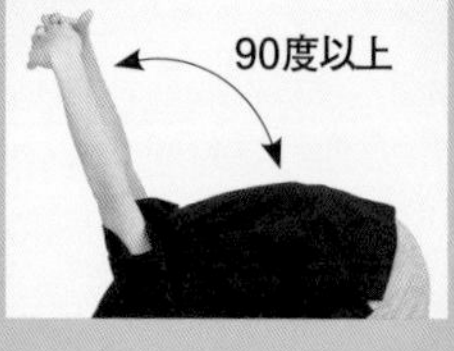

90度以上が目標だよ。お
辞儀する途中で組んだ手
が離れたらNG

LEVEL.4
背中で握手

1

右手を上から、
左手を下から
背中にまわし
握手

2

左手を上から、
右手を下から
背中にまわし
握手

Check!

□ しっかりと
手をつなげる

指先が
触れる程度では
クリアとは
言えないよ

めざせ！
LEVEL.1
クリア!!

肩甲骨ストレッチ❶

くねくねバンザイ

背中の筋肉（広背筋、小円筋、大円筋）は、腕までつながっているため、硬いと手が真上に上がらなくなります。
背中の筋肉の柔軟性を高めるストレッチです。

1 頭の上で手のひらをひねり合わせる

足元は肩幅ぐらいに広げるよ

横から見た時

腕を頭より前に出すのは×。なるべく耳の後ろに腕がくるように気をつけて

回数：

左右に5回ずつくねくね
手のひらの組み方を逆にして、
さらに5回

2 上体を左右に倒す

肩甲骨ストレッチ❷

パタパタ体操

めざせ！
LEVEL.2
クリア!!

肩まわりにあるインナーマッスル系の筋肉（ローテーターカフなど）の柔軟性を高めるストレッチです。回旋の動きがよりスムーズになります。

1 腰に手をあてて

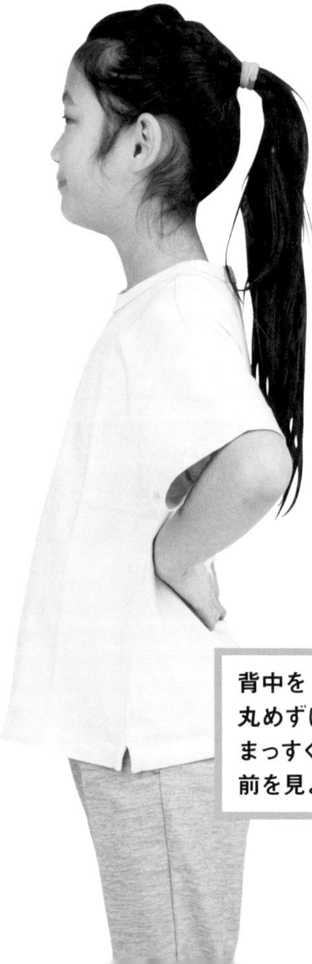

背中を
丸めずに
まっすぐ
前を見よう

2 ひじを前に！

パタ

腰に
つけた手は
ずらさないよ

回数：

前後20回

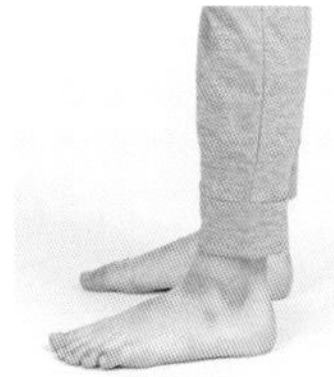

足は肩幅
ぐらいに
開こう

3 ひじを戻して

4 ひじを後ろに！

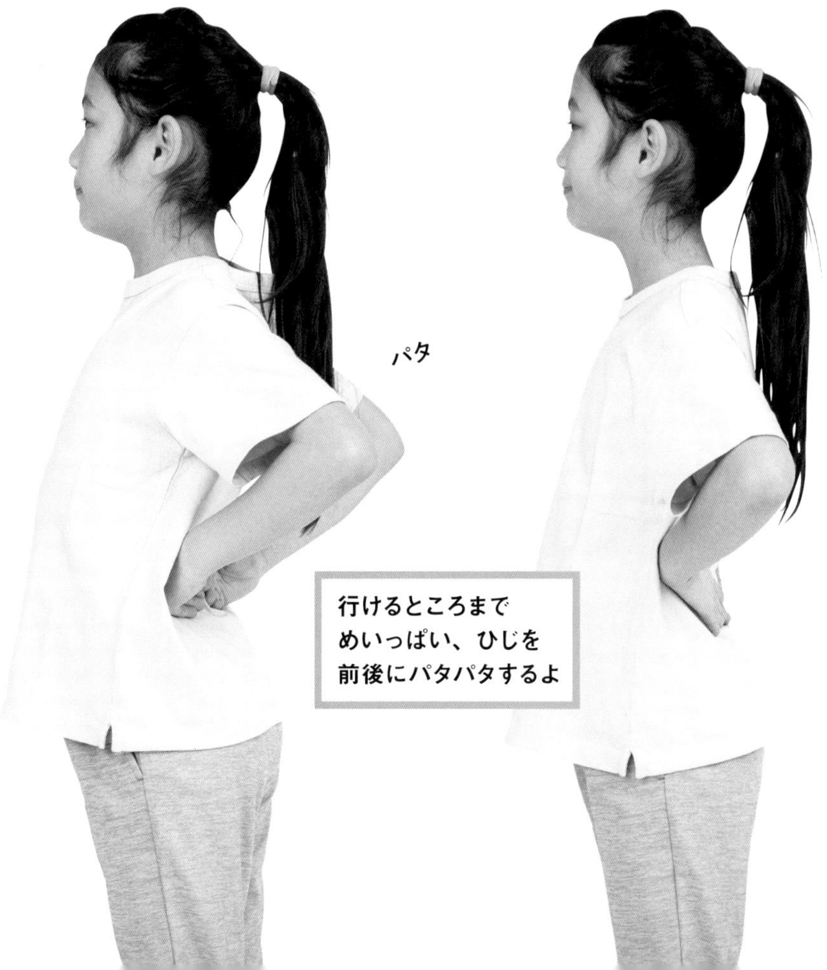

行けるところまで
めいっぱい、ひじを
前後にパタパタするよ

肩甲骨ストレッチ❸

エレベーター体操

めざせ！
LEVEL.3
クリア!!

上腕二頭筋、大胸筋、三角筋などが硬いと腕がしっかり
後ろに回らなくなります。スマホをよくいじっている子は要注意！

顔は下に向けず、
正面を見よう

1 カベに
手をついて

足は肩幅ぐらいに開こう

回数：

上下20回

2 座るように
腰をおろす

背中は丸まって
OKだよ

腰はなるべく
落とそう！

3 1の姿勢に戻る

肩甲骨ストレッチ❹

肩甲骨回し

めざせ！
LEVEL.4
クリア!!

肩甲骨と肋骨をつなぐ前鋸筋にアプローチするストレッチ。前鋸筋の柔軟性が高まると肩甲骨の可動域が広がり、肋骨が開きやすくなるので呼吸もしやすくなります。

1 足を肩幅に開いてバンザイの姿勢

2 腕を前にゆっくり下ろす

背中や胸は丸めてOK

指先がより遠くに行くように
肩から腕を伸ばすイメージ

指先を3cmぐらい
上に引き伸ばそう

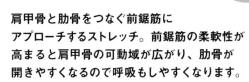

回数：

前回りを10回、後ろ回りを10回

後ろ回りをする時は、
手のひらを外側に向けて
やると肩甲骨を寄せやすい

ギュ～
肩甲骨を寄せる
ことを意識して

3 腕が体の横を通る時は肩もしっかり下げる

4 腕を後ろに回し、1に戻る

肩甲骨ストレッチ❺

アシカのポーズ

さらに
レベル
アップ!

肩や肩甲骨まわりの筋肉でおもに背中側の部位の
ストレッチをしてきたので、最後は体幹（腹斜筋、腹直筋など）を
伸ばして体の前後のバランスをとります。

1 両手を肩幅より広げて、
床にを手をつく

2 太ももの付け根を床につけ、
背中をしならせて上を見る

3 ゆっくり呼吸をし、
胸部・腹部をしっかり伸ばす

4 上体を左右に振る

水族館にいる
アシカのようだね

ひじは曲げないよ

回数：

正面で20秒、
右を向いて20秒、
左を向いて20秒

背骨のストレッチ
にもなるんだ

ひねる方向と逆側の
肩をしっかり入れると
よくひねることができる

ひねった方向の斜め上を
見るようにしよう

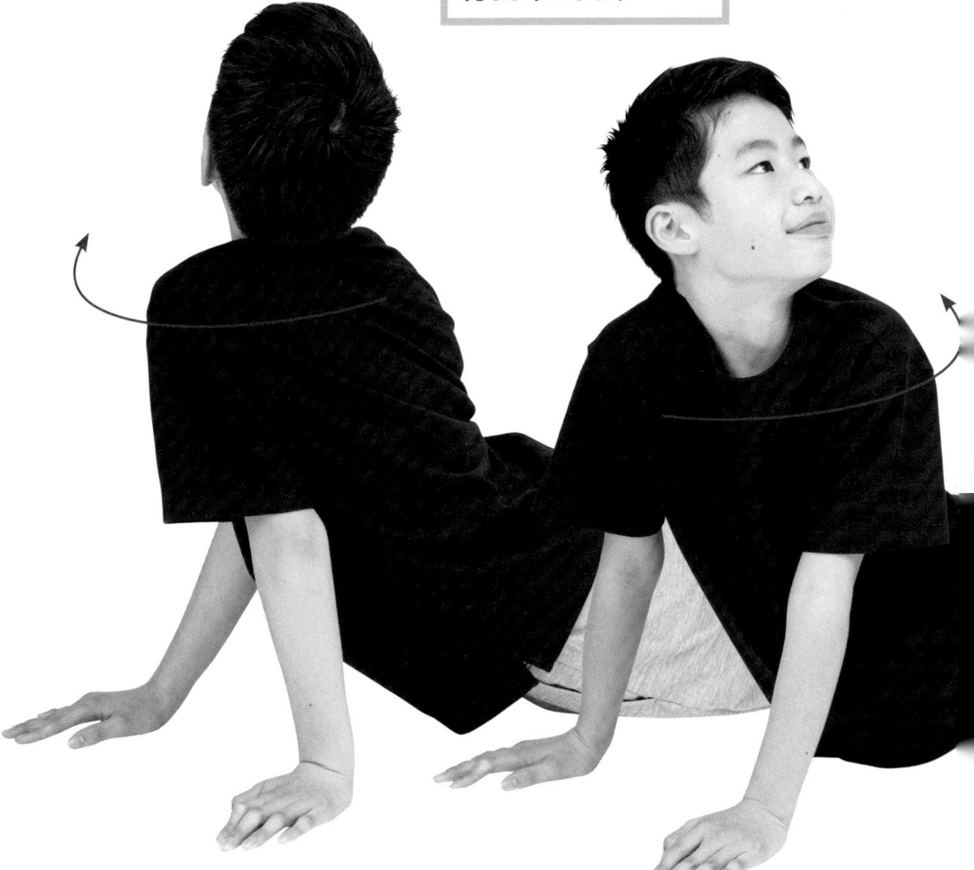

声がけパターン❷

ストレッチ中に
声をかける時、
どんな声がけがいいですか？

❝擬音語・擬態語を使おう!❞

勉強をしている時やスポーツの練習をしている時には、「頑張れ！」や「気合いだ～」などの言葉をよくかけると思います。しかしストレッチでは、そのような言葉は緊張感を高めてしまうので、なるべく避けたほうがいいです。

そもそもストレッチは、体を柔らかくするためのもの。特に「気合だ～」などの声がけは、体を硬くしてしまい、せっかくストレッチをやっても、その効果が期待できなくなります。

ストレッチはリラックスして楽しみながらやるのが、より効果を高めます。そこで僕がオススメするのは、「擬音語・擬態語」を使うことです。

「びょ～ん」「スイー」「ふにゃ～ん」などなど。柔らかそうな雰囲気の言葉であれば、何でもOKです。

「さあ、頑張ってやってみよう」ではなく「さあ、びょ～んとやってみよう」です。実際子どもに「びょ～ん」と声に出してもらいながらやってもらうと、子どもは笑顔で楽しそうにやってくれます。

PART 3
ペタッと前屈！
もも裏ストレッチ

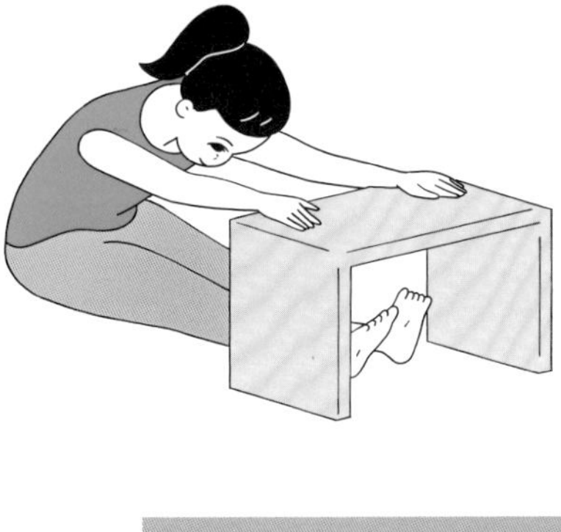

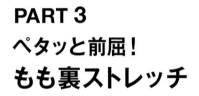

これ、目標！

もも裏の柔軟度を４段階に分けてチェック。
目指すのはペタッと手のひらが床につく前屈です！

LEVEL.1

ひざ下に指先タッチ

1 足を肩幅より少し狭く開いて立つ

2 上体を前に倒して指先でひざ下にタッチ

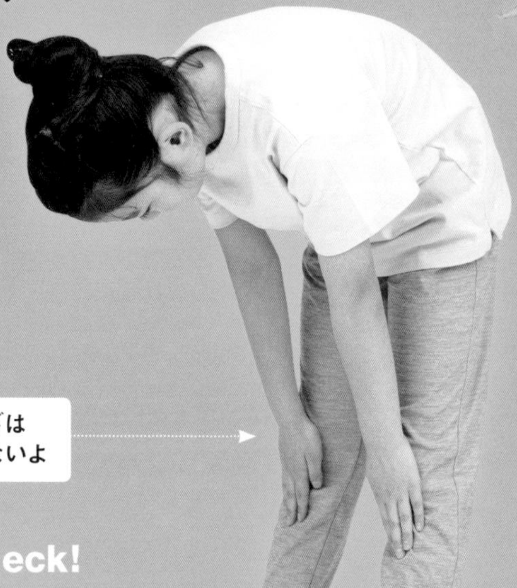

ひざは曲げないよ

Check!

□ 指先がひざ下まで行けばOK

LEVEL.2
足首に指先タッチ

1 足を肩幅より少し狭く開いて立つ

2 上体を前に倒して指先で足首にタッチ

ひざをしっかり伸ばそう！

Check!

□ 指先で足首にタッチできたらクリア

これ、目標！

LEVEL.3

床に指先タッチ

1 足を肩幅より少し狭く開いて立つ

2 上体を前に倒して指先で床にタッチ

もも裏がピンと伸びているかな？

Check!

□ 指先が床に届いたらセーフ

LEVEL.4

床に手のひらペタッ

1 足を肩幅より少し狭く開いて立つ

2 上体を前に倒す

Check!

□ 床に手のひらがペタッとつけばOK！

ここまでペタッとつく人はあまりいないよ！

もも裏ストレッチ❶

カベ押し
アキレス腱伸ばし

めざせ！
LEVEL.1
クリア!!

前屈しづらい原因の1つは、
ふくらはぎ（腓腹筋外側頭・内側頭、ヒラメ筋）が
硬いために、もも裏の筋肉を引っ張ってしまうから。
このストレッチでふくらはぎ周辺の筋肉をほぐしましょう。

1

**カベの前に立ち、
片足を後ろに引きます**

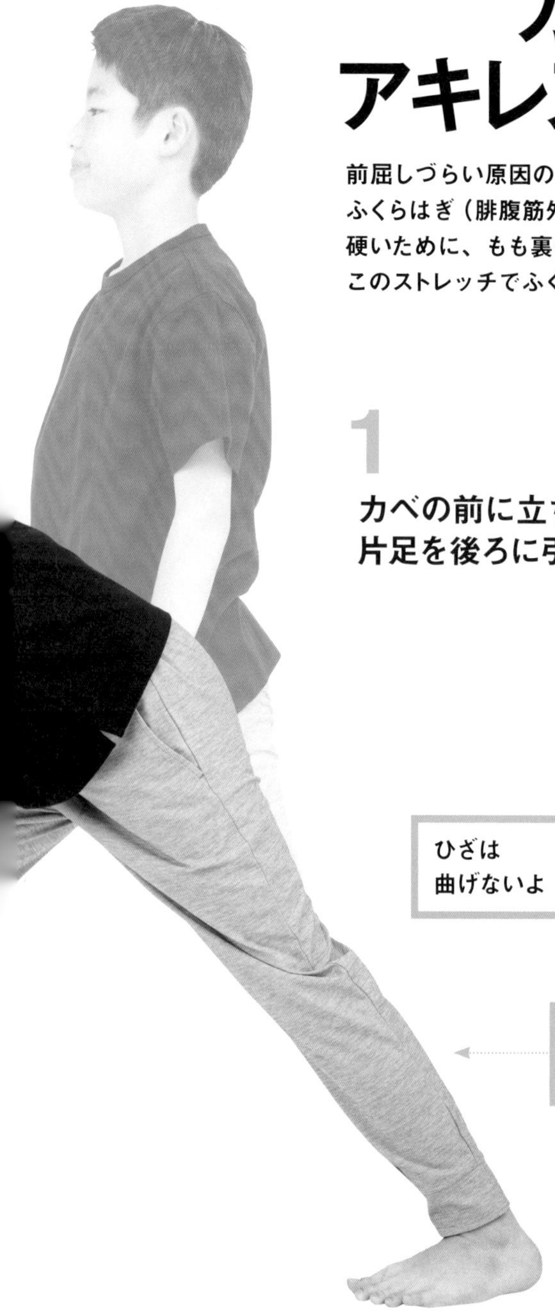

ひざは
曲げないよ

グ〜ッと
伸びているよ！

足裏はペタッと
床につけて

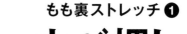

秒数：

左右の足を
それぞれ20秒ずつ

2 カベに両手をついて
グッとカベを押す

頭は下げて
地面を見よう

もも裏ストレッチ❷

足首屈伸

めざせ！
LEVEL.2
クリア!!

もも裏のハムストリングスと
ふくらはぎ（腓腹筋外側頭・内側頭、
ヒラメ筋）をしっかりほぐすストレッチです。

1 ひざを曲げて手で
足首をつかみます

回数：

足首をつかみ、ひざの曲げ伸ばしを20回

2 足首をつかんだまま ひざを伸ばします

ひざをまっすぐ
伸ばすのが目標！
(伸ばせなかったら
ギリギリ行ける
ところまでやろう)

足がつっぱる
感じがするね

うまくできるように
なったら、つま先を
つかんでやってみよう。
難易度アップだよ

もも裏ストレッチ❸

クロス前屈

めざせ！
LEVEL.3
クリア!!

もも裏にあるハムストリングスに集中的にアプローチします。この部位の柔軟性を高めることで理想的な前屈に近づきます。

1 片足を前に出してもう片方の足とクロスさせる

秒数：

左右それぞれ20秒ずつ

2 そのまま息を吐きながら上体を倒す

両ひざが曲がらないように気をつけて

ハァ～と息を吐きながら

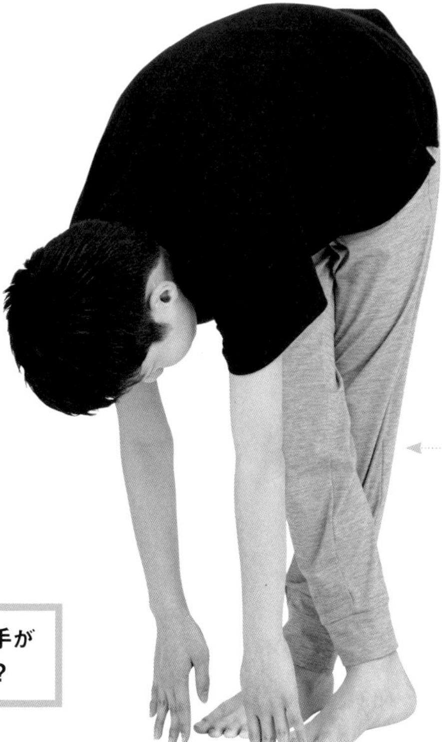

伸びるのは後ろの足だよ

どこまで手がつくかな？

もも裏ストレッチ❹

後ろ回りストレッチ

めざせ！
LEVEL.4
クリア!!

ふくらはぎからもも裏までほぐせたら、最後のひと伸びは、
お尻（大臀筋）、腰（腸腰筋）の柔軟性を高めることで手に入ります。

1 仰向けに寝て

2 足を伸ばしたまま
くるりと頭の上に

腕は少し広げて
床につけよう

だら〜んと力を抜いて

秒数：

つま先をつけた状態を20秒

腰、お尻、もも裏が
よく伸びるよ
くる〜ん
ひざはなるべく
曲げないように
つま先が
つくように頑張ろう

もも裏ストレッチ❺

さらに
レベル
アップ!

前ももストレッチ

もも裏と対になる前もも（大腿四頭筋）をほぐすと、
前屈で手のひらを床にペタッとつけやすくなります。
さらに柔軟性を高めるために、やってみましょう。

立って

1 片足立ちに
なって

2 足の甲を
持って
かかとを
お尻に
押し付ける

前ももが
伸びるよ

秒数：**20秒**

立って より
効くよ！

寝て

1 床に座って
片方の足は伸ばし、
もう片方の足を
横に曲げる

2 そのまま上体を
後ろに倒せる
ところまで倒す

秒数：**20秒**

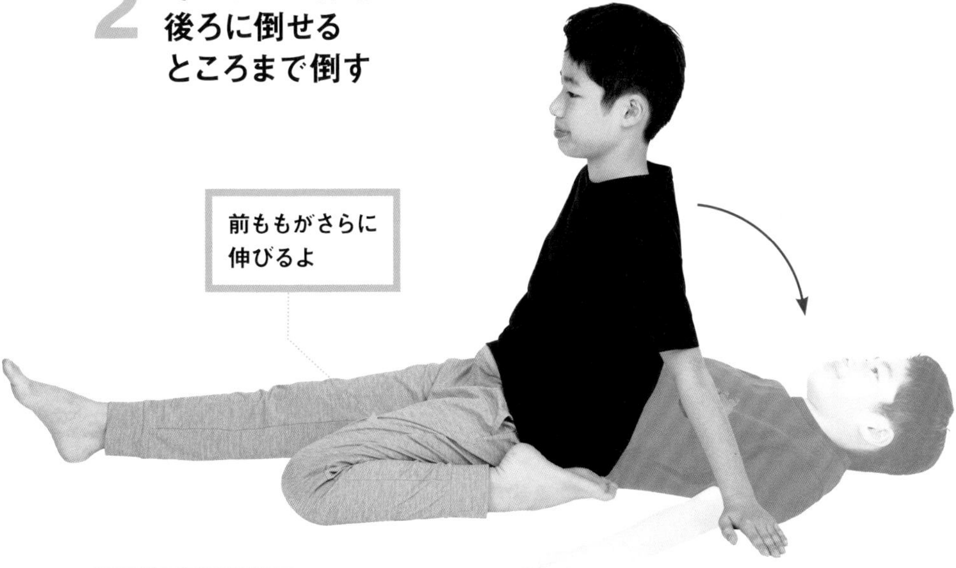
前ももがさらに
伸びるよ
足はなるべく
腰に近づけよう
背中が床につくかな？

声がけパターン❸

ストレッチで
最後のひと伸びをさせたい時、
どんな声がけがいいですか？

“イメージの力を利用しよう!”

　ストレッチをしている時に、あともうひと伸び、頑張らせたいと思うことがよくあります。そんな時、「あともう少し！」と言っても、なかなか結果は出ないものです。P56の「擬音語・擬態語の力を使おう！」で解説した通り、むしろ余計な力が入ってしまい、体が硬くなってしまうのです。

　そこで僕の場合、擬音語・擬態語の力にプラスして、イメージの力を利用します。子どもに前屈を指導する時によく使うのは、次のような言葉です。

「『ワンピース』のルフィみたいに体がゴムになったと想像してみて。そして、ルフィになったつもりで『びょ～ん』と言いながら前屈してみよう」

　ウソのような話ですが、これが意外と結果が出るのです。前屈で指先だけしかつかなった子が、この瞬間だけ、手のひらまでつくようになったりします。ほかにも「水がサラサラと流れるように」とか、柔らかいイメージを子どもに持たせながらやると、最後のひと伸びを後押ししてくれます。

PART 4

ペターッと開脚！
股関節ストレッチ

これ、目標！

股関節の柔軟度を４段階に分けてチェック。ペターッと開脚して胸で床にタッチするのが、最終目標です！

LEVEL.1

上向き開脚

1 仰向けに寝て足を上げる

2 足をパカっと90度以上開く

Check!

- [ ] 足が90度以上開けばOK！

ひざはなるべく曲げないように

LEVEL.2
水平あぐら

1 椅子に座って

2 片方の足は
もう片方の足の
ひざ頭にのせる

! ひざにのせた手に
力を入れて無理に
押し込まないこと。
ひざが傷んでしまうよ

Check!
□ すねと床が
水平になって
いればクリア

NG

片方のひざが高く上がっ
ていたらNGだよ

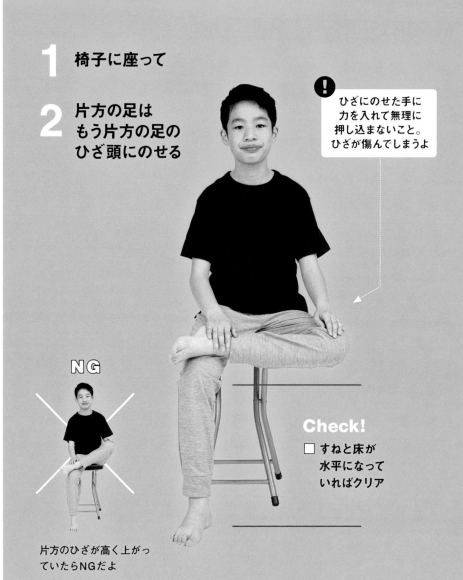

LEVEL.3

おでこタッチ開脚

1 足を開いて座り

2 上体を前に倒して
おでこで床にタッチ

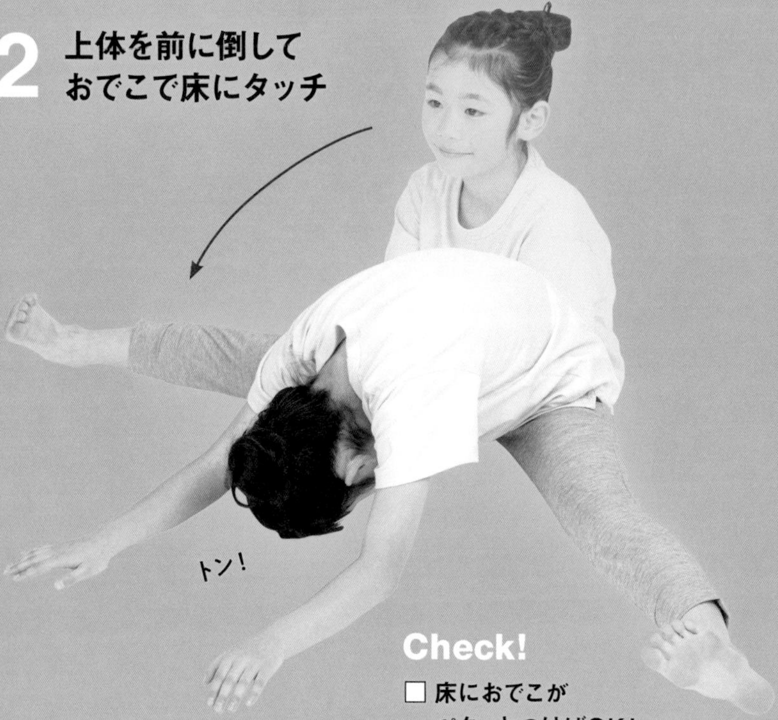

Check!

□ 床におでこが
ペタッとつけばOK!

ちょっとむずかしい…という人は?

まずは、足を開いて手のひらが床にペタッとつく、
次に足を開いてひじが床につく、
この2つができてから、チャレンジしよう!

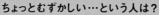

LEVEL.4

胸タッチ開脚

1 足を開いて座り

2 上体を前に倒して
胸で床にタッチ

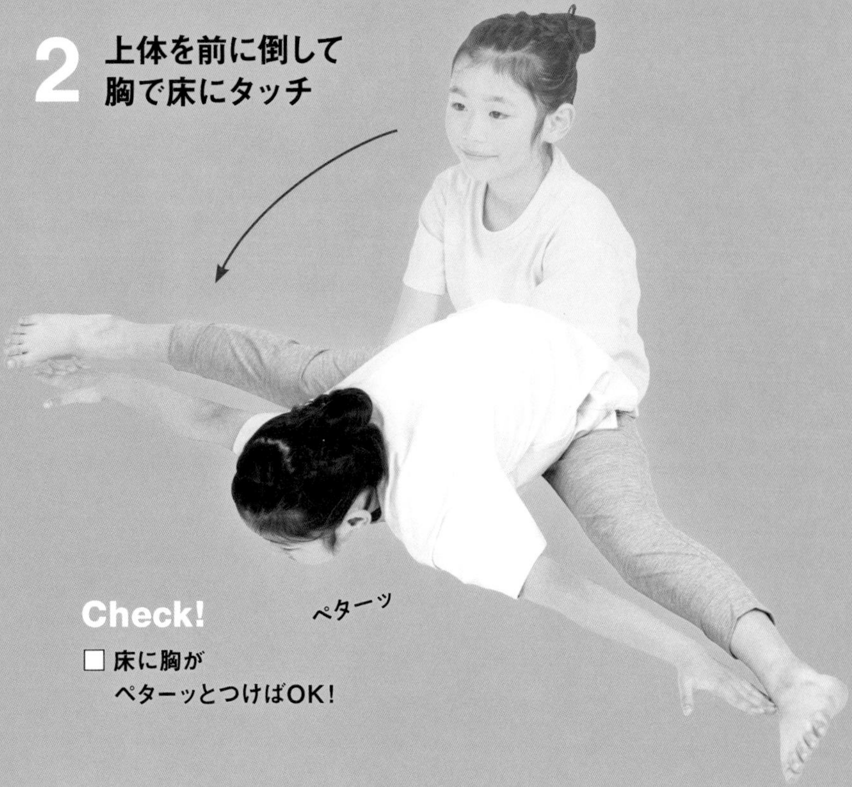

Check!

- □ 床に胸が
ペターッとつけばOK!

まずはお腹から目指そう!

なかなか胸までつかないという人は、まず、
お腹が床につくのをめざしてやってみよう!

股関節ストレッチ❶

パカパカ体操

めざせ！
LEVEL.1
クリア!!

股関節にかかわる部位の１つ、内もも（内転筋）の柔軟性を高めるストレッチ。骨盤を支える筋肉でもあり、柔らかくなることで姿勢もよくなります。

1 仰向けに寝て両足を上げる

2 足をパカっと開いて閉じるを繰り返す

お尻が下がらないように気をつけよう

回数：

開いて閉じてを 20回

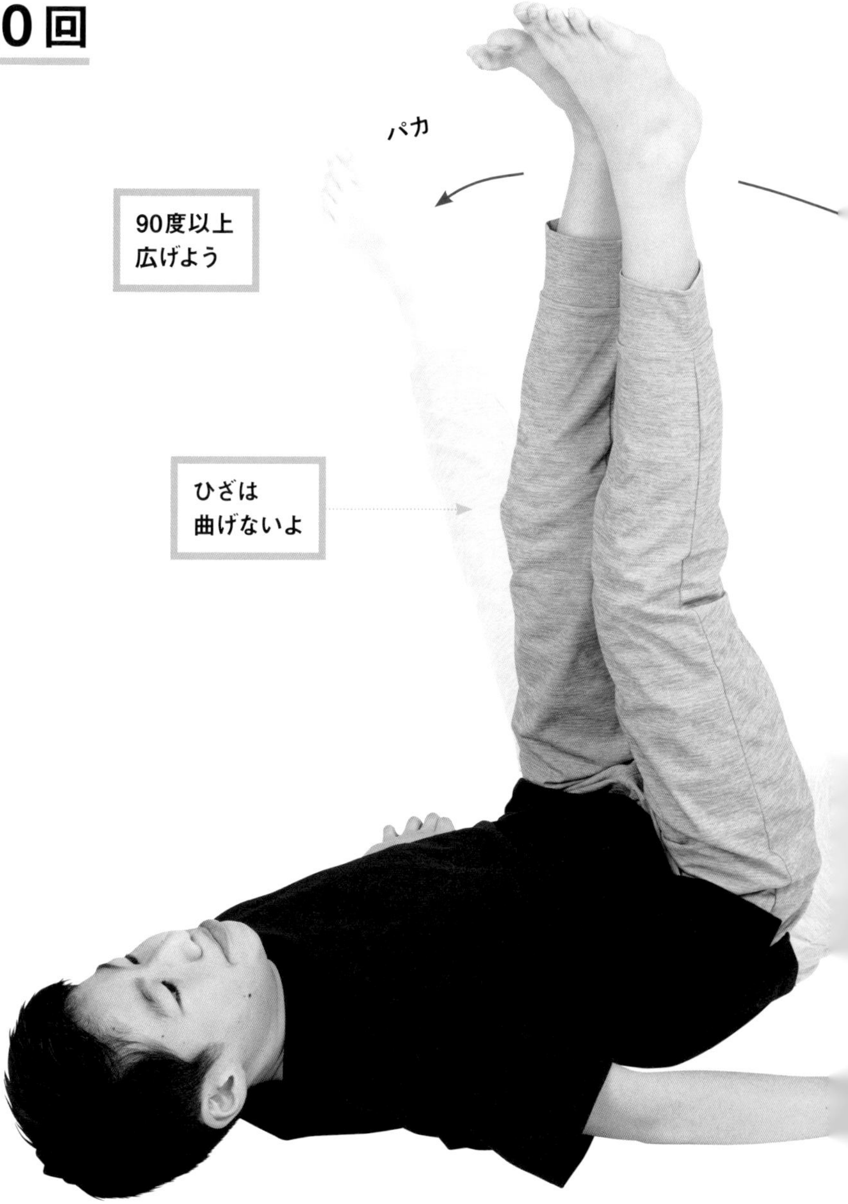
パカ
90度以上
広げよう
ひざは
曲げないよ

股関節ストレッチ❷

あぐらストレッチ

めざせ！
LEVEL.2
クリア!!

お尻にある筋肉・大臀筋も股関節の柔軟性にかかわります。
しっかり伸びるようにすると開脚がしやすくなります。

1 椅子に座って片方の足をもう片方の足のひざ頭にのせる

足をのせる位置が
前もものほうだと
やりづらくなるよ

のせた足は
床と平行だよ

床につける足の位置を
体の外側より
体の中心ぐらいに
するとやりやすいよ

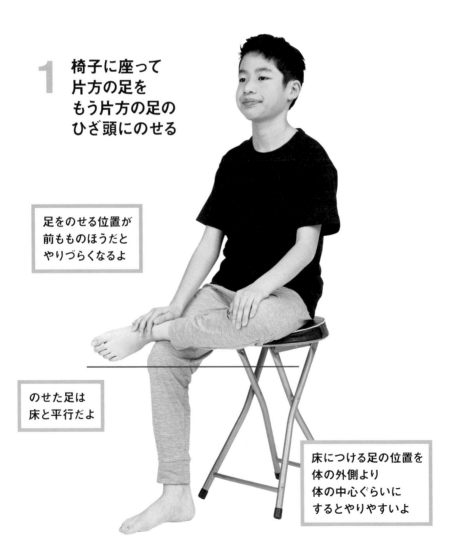

秒数：

上体を前に倒した状態で20秒（反対側の足もやるよ）

2 上体を前に倒す

フ〜ッと息を
吐きながらやろう

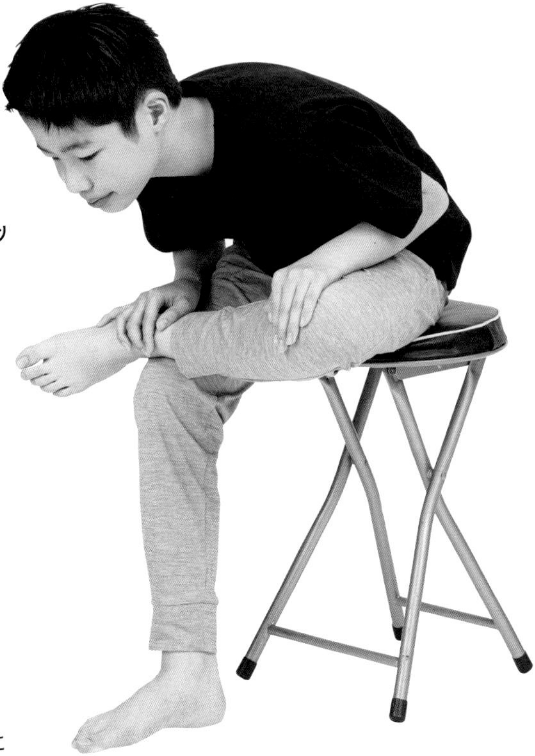

NG

背中は丸まらないように

股関節ストレッチ❸

めざせ!
LEVEL.3
クリア!!

開脚ストレッチ

内もも(内転筋)ともも裏(ハムストリングス)の柔軟性を高めるストレッチで、ペターッ開脚に近づきます。

Start!

1,2

**足を開いて座り
左右のつま先に
20秒ずつタッチ**

タッチ!
ひざは伸ばして

秒数：

左右それぞれ20秒やったら正面で20秒

手もしっかり伸ばそう
足先は立てるよ
タッチ！

3 正面に手をしっかり伸ばしながら
できるところまで上体を前に倒す

股関節ストレッチ❹

股関節回し

めざせ！
LEVEL.4
クリア!!

内もも、もも裏、お尻など股関節まわりにある筋肉群に全体的にアプローチするストレッチ。これでレベル4をクリアしよう！

左腕は邪魔にならないように上でキープ！

1 カベに右手をついて左腕は肩の高さでバランスをとり、左足のももを上げる

2 左ひざが横を向くように股を開く

秒数：

前から後ろに5周、後ろから前に5周、左右で合計20周

前から後ろへ回せたら、逆方向にも回すよ

スイスイ
あわてずに
ゆっくり回して
平泳ぎのように
後ろにキック！

3 平泳ぎの時のように
左足をひねり後方に向けて

4 しっかり
左足を伸ばす

股関節ストレッチ❺

腸腰筋ストレッチ

さらに
レベル
アップ!

体幹と股関節をつなぐ腸腰筋が硬いと、股関節のパフォーマンスは上がりません。仕上げのストレッチは腸腰筋にアプローチします。

1 左ひざを床につけて右足を前に出し、右ひざに両手を添えて胸を張る

目線は前。もしくは
斜め上を見るといいよ

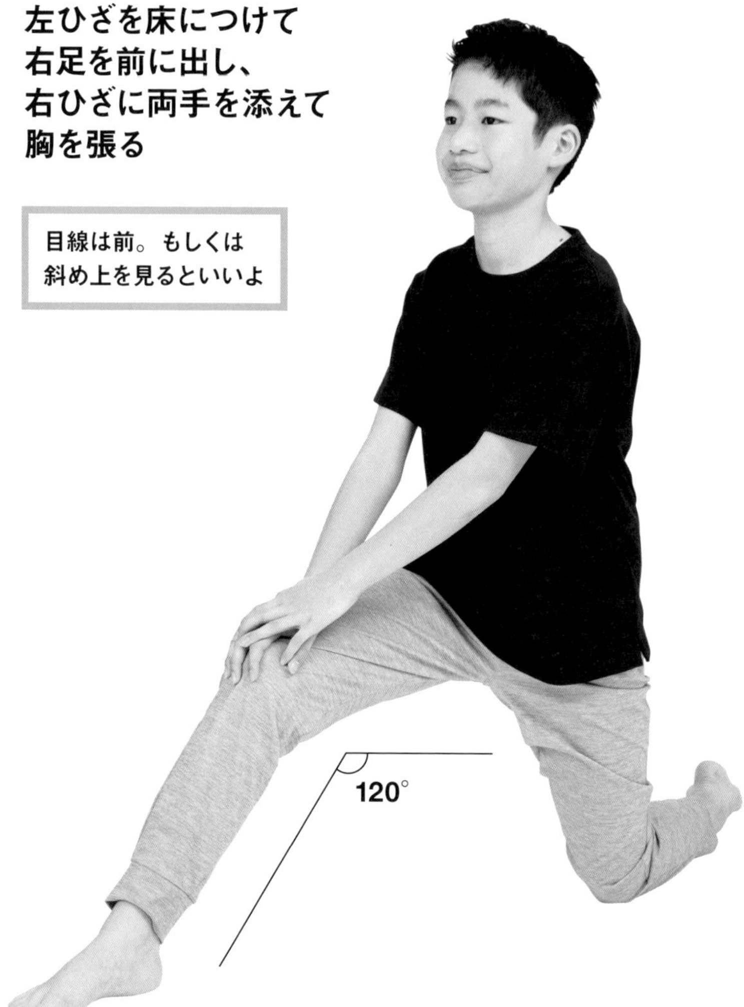

秒数：

右足、左足
それぞれ20秒

ここまで
できたら
カンペキ
だよ！

2 その状態のまま グ～っと 腰を前に 入れていく

しっかり
胸を張ろう
足の付け根
あたりが
伸びるのを
感じるかな？
90°

声がけパターン❹

なかなか成果が出ない時にかける、いい言葉はありますか？

“否定語を使わないようにしよう”

　脳は否定語を理解できないという話があります。「負けないで」という言葉は脳からすると「負けて」と同じ意味になってしまい、「負けていいんだ」と脳が潜在的に勘違いするという話です。

　また、脳はマイナスの言葉が耳に入ると、そのイメージに引っ張られて、意識もマイナスな方向に行くという話もあります。

　子どもがストレッチに飽きたり、成果が出なくて途中でやめそうになった時に、つい「あきらめないで、もう少しやろうよ」などと声をかけがちです。

　しかしこれでは、子どもの脳に「あきらめてもいいんだ」という気持ちを芽生えさせているだけかもしれません。

「もっともっと伸びるよ」「柔軟性が高まると、すごい可能性が広がるから続けよう」

　もし、うまく結果が出ない時は、否定語を使っていないか注意して、ポジティブな言葉をいっぱいかけるようにしてみてください。

PART 5

運動能力アップ！

コーディネーション
トレーニング

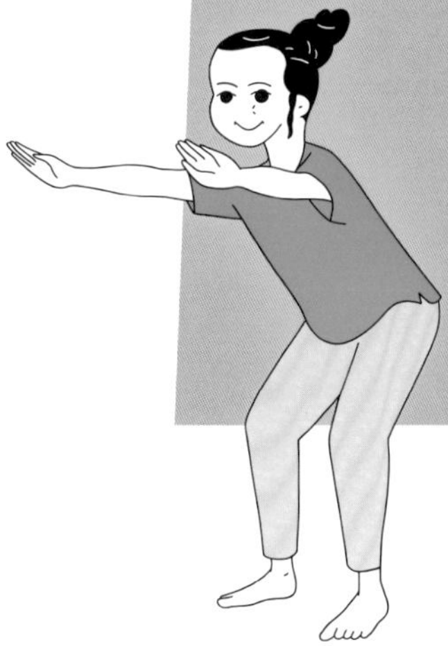

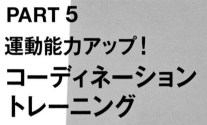

コーディネーショントレーニングのポイント

量より質にこだわり「続ける」ことを大切にしよう

これまでのストレッチで柔軟性を高めたら、実際の運動に役立つコーディネーショントレーニング（P28参照）に挑戦しましょう。ただし、トレーニング前に4つの注意点があります。

まずは、回数よりもフォームを大切にしてください。成長とともに体力・筋力がついてくれば、回数はこなせるもの。目安の回数を掲載していますが、それにこだわるより、正しい動きができているかどうかに注目をしてください。そして、上手にできたら、ほめてあげましょう。

次に運動中は呼吸を止めないようにしてください。体が緊張して、思い通りに体を動かせない原因になります。

3つめは、トレーニング前にストレッチをすること。ストレッチ前の体操（P34〜）もやって体を温め、肉離れなどのケガを防止しましょう。

最後に、少しずつでもいいので「続ける」ことです。一流のアスリートも失敗と挑戦を繰り返して成長してきました。できないからとすぐにあきらめず、継続することが大切です。

5テーマ10種類のトレーニングに挑戦

姿勢がよくなるトレーニング

体の背面と前面、それぞれを鍛えるトレーニングをします。姿勢がよくなるために必要な抗重力筋にアプローチします。

足が速くなるトレーニング

腕を振る動作、足を前後に出す動作をスムーズに行えるようにすると同時に、肩甲骨の可動域を広げ、下半身の筋力アップにつなげます。

投げる力がつくトレーニング

肩甲骨を回して、肩まわりの筋力アップを図るトレーニングとともに、投げる動作に必要な体重移動の動きを身につけていきます。

跳躍力アップトレーニング

ジャンプする動作の基本を身につけながら、下半身の筋力を鍛えていき、同時に瞬発力やリズム感も養っていきます。

キック力を高めるトレーニング

キックの動作は下半身だけでなく上半身との連動性が大事です。その連動性を身につけ、より力を伝えるトレーニングをします。

姿勢がよくなるトレーニング❶

股関節スクワット

股関節と肩甲骨は密接にリンクしていて、
よい姿勢になるためには股関節を安定させるのがポイント。
もも裏、お尻、背中にアプローチするトレーニングです。

ピン!

1

**足を肩幅に広げて
少し胸を張る**

恥ずかし
がらずに
できるかな?

回数：

リズムよく10回

2

**手を前に出しながら
お尻をしっかり引き、
1に戻る**

背中を丸めずに
上体を前に倒す
イメージでやろう

腕を前に伸ばし
肩の高さまで上げて
床と平行をキープ

お尻を後ろに
突き出す
イメージだよ

姿勢がよくなるトレーニング❷

フロントブリッジ

前ページのトレーニングは体の後ろ側の部位をターゲットにしていました。ここではお腹まわりなど体の前面側の部位にアプローチしましょう。

1　うつ伏せになり両ひじを床につく

肩はひじの真上に
くるように気をつけて

NG

惜しい！　背中が少し丸まってないね。みぞおちを上に突き上げるイメージでやってみよう

秒数：

胸を丸めた状態を30秒キープ

2 お腹・腰を上に上げて上体を丸める

背中を丸めよう

お尻を
上げ過ぎないでね

お腹を引っ込めると
胸が丸まりやすいよ

顔は下を向いて

足が速くなるトレーニング❶

ブンブンひじふり

ひじを大きく振ると肩甲骨がしっかり動きます。
肩甲骨が動くと股関節も勝手に動くため、
ひじを振ることで足が速くなります。

1 かけっこの「ヨーイ！」のポーズをする

さあ、準備はいいかな？

回数：

20回

2 その姿勢でひじを前後にしっかり振る

思いっきり
後ろまで振ろう
ひじを
しっかり
曲げて！
イチ！
ニッ！
手ではなく
「ひじ」を振る意識
でやると大きく
振ることができるよ

足が速くなるトレーニング❷

シザーズジャンプ

足を前後に入れ替えることで、
足を交互に前に出す感覚を養いながら、
もも全体の筋力を鍛えるトレーニングです。

腕を思いっきり
振り上げて

1 足を前後に開いて両腕は後方に

前足のひざがあまり
前に出ないように
90度ぐらいが目安だよ

回数：

10回

高くジャンプ！
腕は下ろしていくよ
前後の足の幅を
なるべく広くしよう

2 バンザイしながら、ジャンプして

3 足を入れ替える

投げる力がつくトレーニング❶

全身肩甲骨回し

投げる動きは肩の回転・回旋動作、体重移動がポイント。ここでは肩をしっかり回転・回旋させてスムーズに動けるようにしながら、肩まわりの筋力を鍛えます。

肩も一緒に
前に行くように
手を前に！
全身が上に
引っ張られるように
腕を伸ばそう
足裏ペタッ！

1 バンザイしたまま
つま先立ちする

2 両腕を前に下ろしながら、
腰も少し落とす

回数：

前回り10周、後ろ回り10周

リズムよく
回して
いこう！

これで1周だ！

腕を思いっきり
回して体を伸ばす
勢いをつけよう

背中を丸めて、
ひざも柔らかく

4 腕を上げると同時に
ひざを伸ばして 1 に戻る

3 腕が下にきた時には
ひざもゆるく曲げる

投げる力がつくトレーニング❷

前後しこふみ

投げる動作で必要な
体重移動の感覚を養うトレーニング。
肩の力だけでなく、体全体の力を生かして
投げることができるようになります。

こっちの
手のひらは
下向きだよ
こっちの
手のひらは
上向きだよ
しっかり
体重をのせよう
ドン！

1 足を前後に開いて
上体は半身に。
腕も足と同じ方向に肩の高さまで
上げる（側転する時のポーズ）

2 後ろに体重をかけてから

3 右足を前に踏み込んで
重心を移し、1 に戻る

回数：

右向き・左向き それぞれ10回

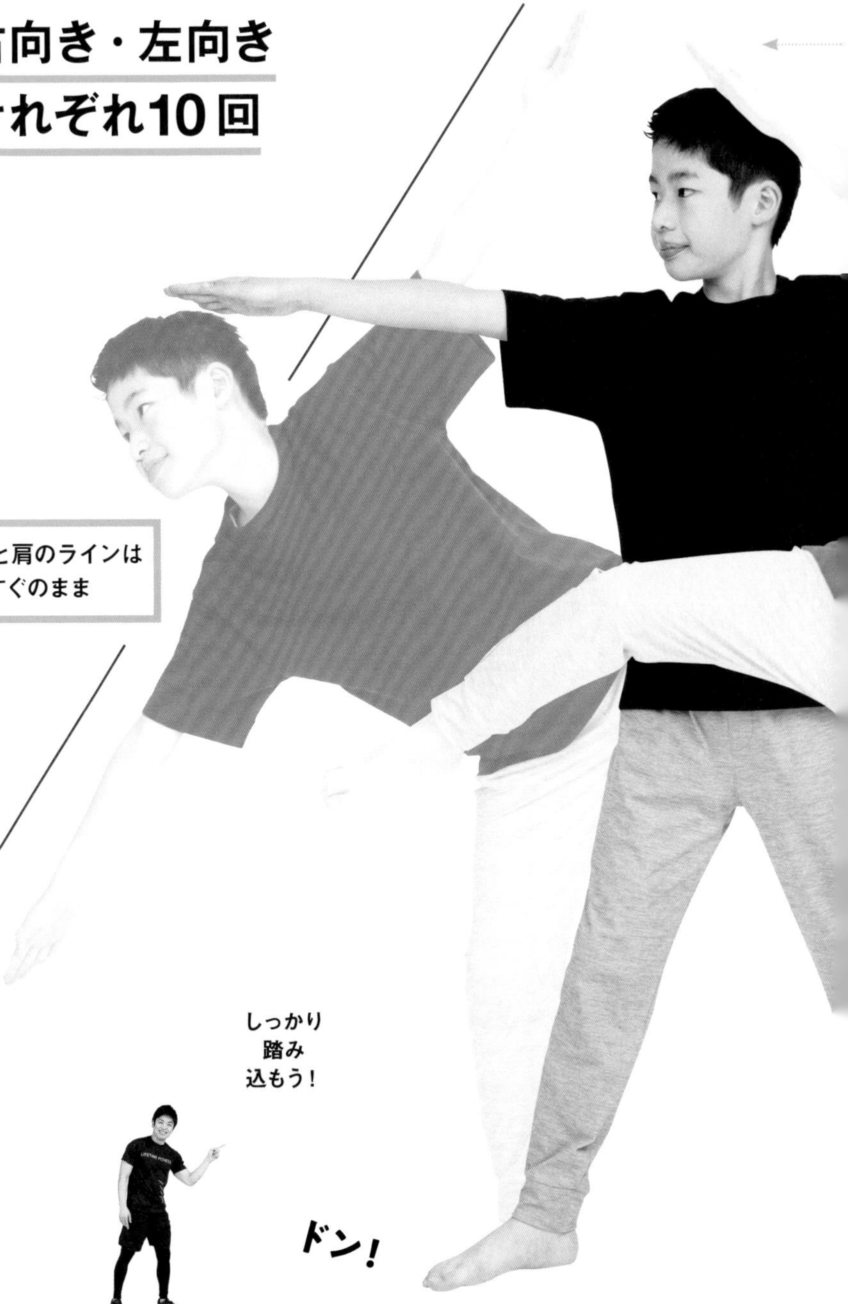
しっかり
踏み
込もう！
ドン！

両腕と肩のラインは
まっすぐのまま

跳躍力アップトレーニング❶

フルスクワット

しゃがんで上がるのが、ジャンプの動作。体を一番下まで下げ、一番上まで上がるエレベーションの動きに必要な感覚と下半身の筋力を身につけます。

1 足を少しハの字に開いて、手を前に出す

イチ！
ニッ！
両腕は肩の高さだよ
背筋は伸ばしたまま
足は肩幅より少し広く
足裏は床にぺったりのまま

秒数：

4秒しゃがんで
4秒で立ち上がる（8拍子）を10回

イチ、ニ、サン、シと
4拍子でしゃがんだら、
4拍子で立ち上がろう

2 そのまま
しゃがみ込む

うんこ座りだ！
（恥ずかし
がらずに、ね）

サン！

腕は床と平行のまま
腰とお尻を落とすよ！

シー！

もも裏と
ふくらはぎを
くっつけて

跳躍力アップトレーニング❷

タックルジャンプ

リズムよくジャンプを繰り返すことで、
ジャンプに必要な瞬発力を身につけるトレーニング。
腸腰筋にしっかり効きます。

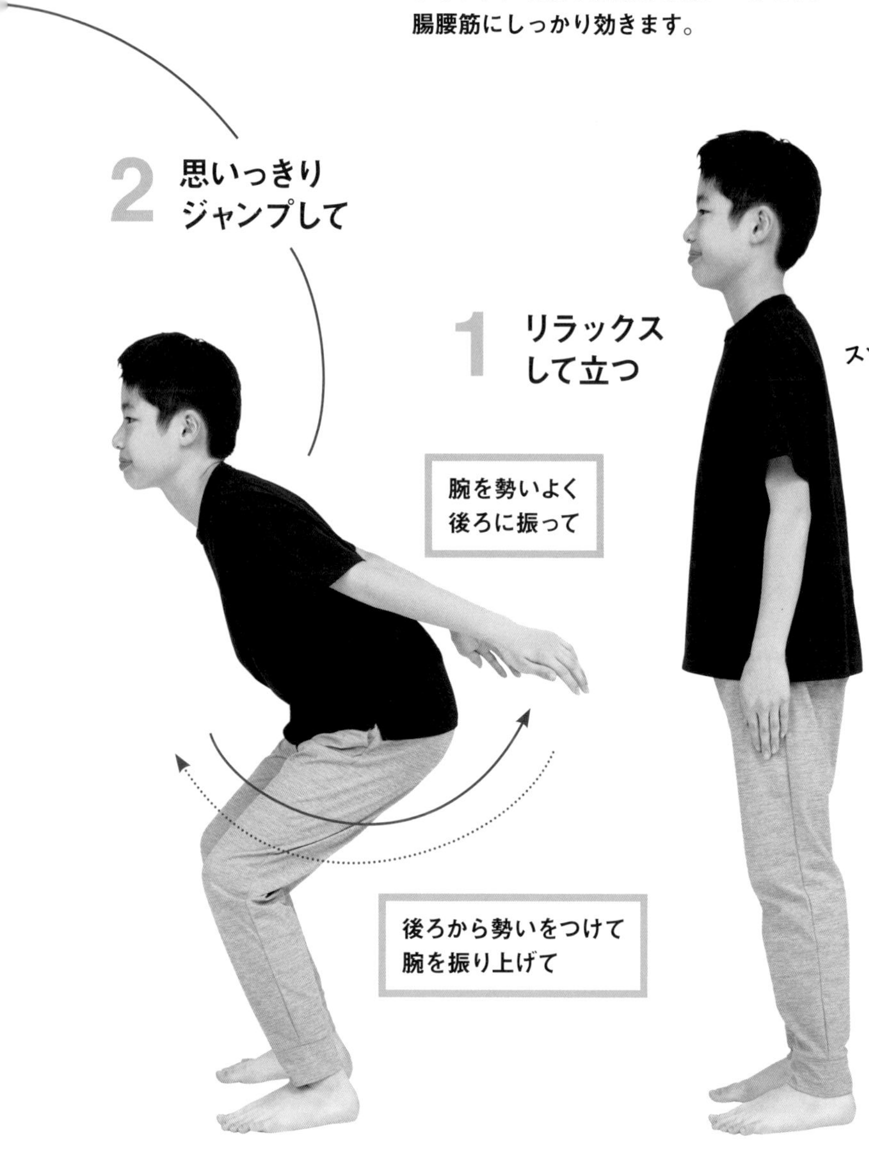
2 思いっきり
ジャンプして
1 リラックス
して立つ
スッ
腕を勢いよく
後ろに振って
後ろから勢いをつけて
腕を振り上げて

回数：

リズムよく
連続10回

3 ももを上げて
両手でひざを
一瞬抱え込んですぐ離す
（むずかしければ、
ひざタッチでもOK）

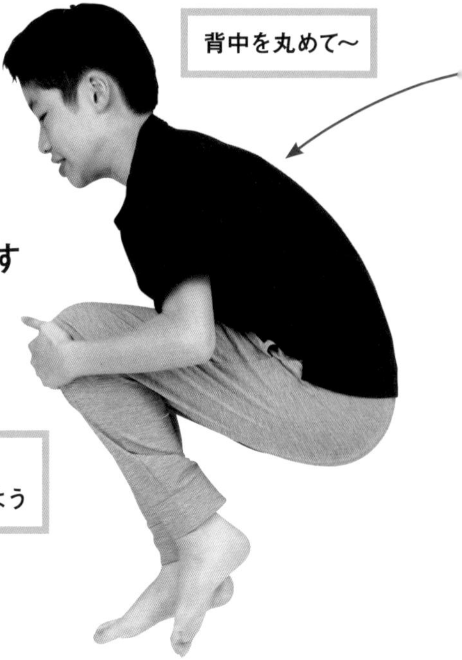
ジャンプ！
背中を丸めて～
しっかり
ももを上げよう

！
負荷が
大きいので、
ひざが痛い時は
やらないように

NG

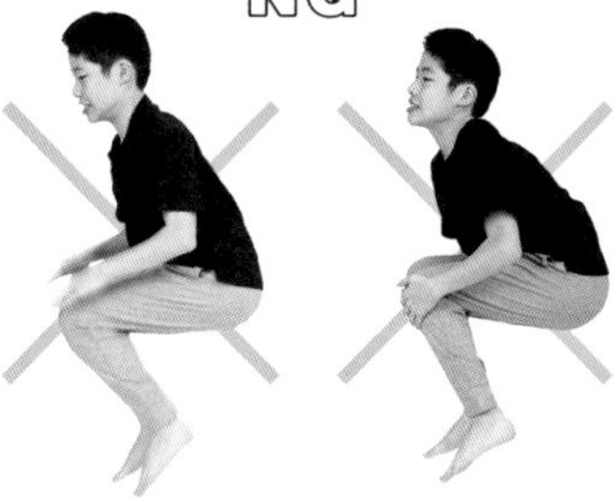

背中がまっすぐ伸びていたり、力が
入ってあごが上を向いてはダメだよ

キック力を高めるトレーニング❶

クロスタッチ

蹴る動作は足だけでなく上半身との
連動した動きが鍵です。腹部の腸腰筋を
使いながら、体をひねる動きで、
キック動作の感覚と必要な筋力を鍛えます。

2 もも上げした
左足の外側に
右ひじを下ろす

ぞうきんしぼりのように
体をしっかりひねる!

1 右ひじを
上げて

回数：

片側20回、計40回

なるべく
素早くひねる
と効果的！

目線は
ひねる方向の
下に行くよ

バンザイつま先タッチ

前ページのトレーニングをよりダイナミックにしたトレーニング。
体をしっかりしならせて、縮める動きを身につけましょう。

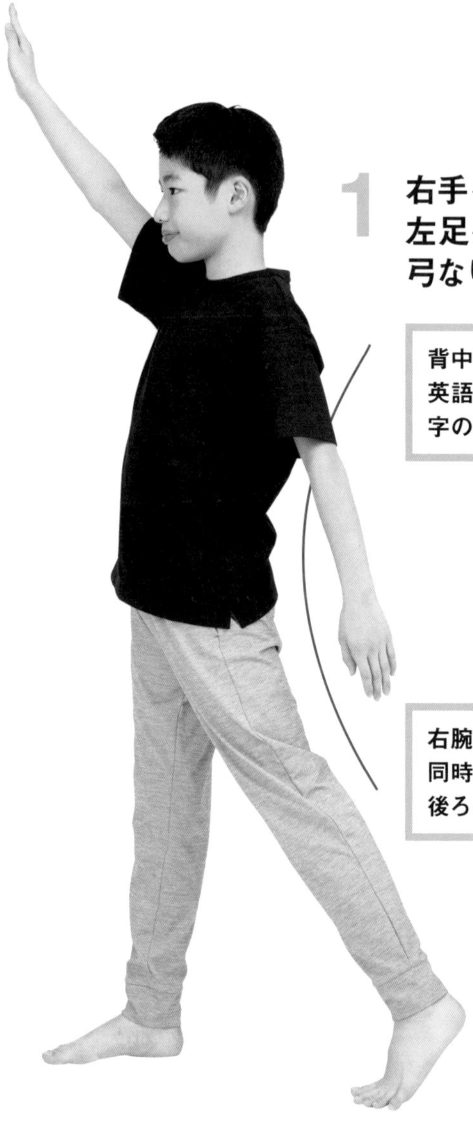

1 右手を上に、
左足を後ろにして
弓なりの体勢になる

背中から腰にかけて
英語のCの
字のようになるよ

右腕を上げると
同時に左足を
後ろに引くよ

回数：

右足、左足それぞれ10回

2 右手を下ろし、
左足を振り上げ、
つま先にタッチする

タッチ！
なるべく体を
前に倒そう
腕も足も曲げずに
つま先に
タッチしよう！

特別レッスン

運動会直前 ㊙トレーニング

運動会でのメインイベントと言えば、「徒競走」。ここでは、1秒でも速く、そして昨年より1つでも順位を上げるためのトレーニングを紹介します。

P96〜99で足が速くなるエクササイズを紹介してきましたが、運動会直前でも特に有効なトレーニングを紹介します。それは「おっとっと走り」と「一休さん」という名前のトレーニング。名前だけ聞くとちょっと力が抜けてしまうかもしれませんが、スタートから20〜30mの走力とゴール前でも粘れる走力を養うトレーニングです。

できれば運動会の1週間前から、最低でも運動会の2〜3日前からやってみましょう。特に「おっとっと走り」のほうは、運動の心得がなかった子が身につけると、1秒ぐらいは速くなるトレーニングです。

走力アップ２大メニュー

おっとっと走り

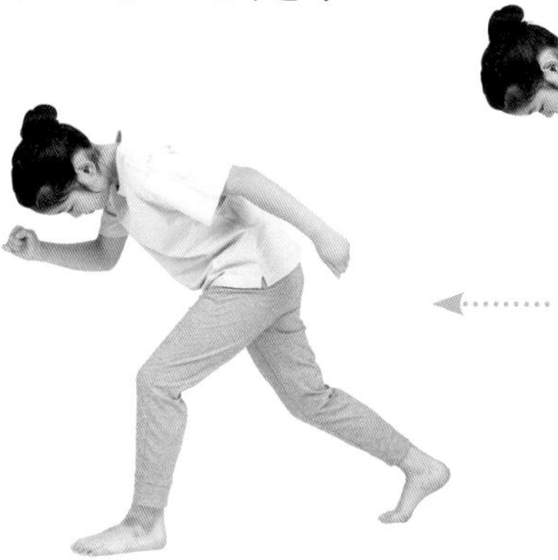

足の遅い子によくあるのが、スタートしてすぐにアゴが上がってしまい、重心が後ろになり、ドタバタ走ってしまうこと。スタートから20ｍぐらいまで前傾姿勢で走る力を養います。

一休さん

「おっとっと走り」で前傾姿勢で走ることを覚えたら、その体勢を維持する力とより速く走るために足を素早く上げ下げする力が必要になります。その力を鍛えるトレーニングです。

運動会直前㊙トレーニング❶

おっとっと走り

走り出す時の体の感覚と、ダッシュ力が身につきます。短距離走では、すぐに体を起こさずに、20mほど前傾姿勢を保ちながら走るのが速く走るコツです。

2 倒れるギリギリまで
前方に体を倒し

1 直立の
姿勢で立つ

体をまっすぐに
伸ばして

そのまま頭、上体を
少しずつ前に倒していくよ

ひざやつま先を見よう

回数：

10本

転ばない
ように
気をつけてね

3 足をついたら、その勢いで走り出す

勢いを利用して、
前傾姿勢のまま走るよ

倒れると
思ったら足を出す

倒れるギリギリまで我慢して…

GO！

顔を下に向けて、視線は斜め
前方に向けて20m走ろう！

運動会直前㊙トレーニング❷

一休さん

TVアニメ『一休さん』でおなじみの「ぞうきんがけ」をイメージしたトレーニングです。ちょっとキツい運動ですが、走力がアップすること間違いなし！

1 両手をついて足を伸ばす

腕立てふせの姿勢だね

回数：

両足で30回

リズムよく&
素早く
できるように
頑張ろう！

2 両手の位置はそのまま、ももを交互に上げる

ぞうきんがけ
みたいだね

でも、手は動かさないよ

足を交互にリズムよく
前に押し上げよう！

声がけパターン5

目標をクリアした時に、上手なほめ方はありますか？

“具体的な内容をほめてあげよう”

ただ単に「頑張ったね」「よくやったね」と言うのも、ほめ方の1つです。しかしこれだと、ほめられたほうからすると、なにをほめられたのか、よくわからないことがあります。

ほめる時は、ふわっとしたほめ方ではなく、具体的にほめるのがオススメです。たとえば、前屈で足首まで届くようになった子には、「前はスネまでしか届かなかったのが、足首まで届くようになったね。5cmも伸びたってことだよね。これは、すぐにできることじゃないし、できるようになるまで相当頑張ったっていうことだよ。達成した君は本当にすごいね」と、具体的に内容を見て、ほめるのです。すると子どもも、気がつけばできていたのではなく、その間に努力したことを改めて実感し、手応えを感じることができます。

そのうえで「それができたんだから、次はこれに挑戦しよう」と次の目標設定をしてあげてください。すると、子どもはイキイキと頑張るはずです。

PART 6
ウソ!? ホント!?
ストレッチ都市伝説

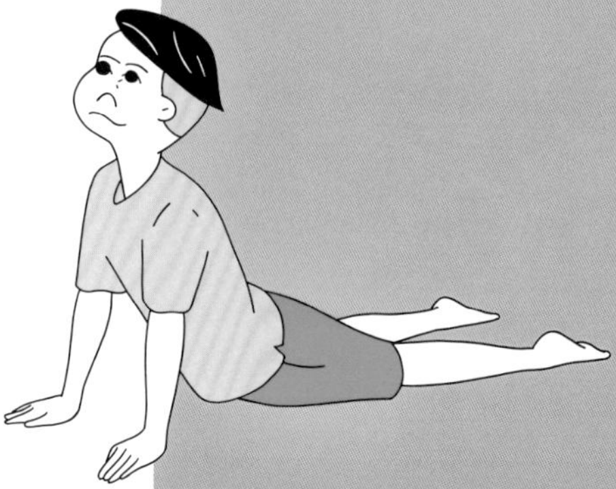

ストレッチ都市伝説

ウソか真実かわからないけれど、巷で囁かれるストレッチに関する情報の真偽を教えます！

伝説1 お酢を飲めば体が柔らかくなる。

ウソ！

古くからお酢の俗説は流れています。お酢は肉などの食材を柔らかく調理する時に使用されることがあるので、そのようなイメージがあるのかもしれません。しかし、先に結論を言うと、これはウソです。お酢を飲んだからといって体が柔らかくなることはありません。

ただし、柔らかくする「きっかけ」作りにお酢が役立つのは事実です。

お酢に含まれるクエン酸は血行改善や疲労回復に効果があります。筋肉のこりや緊張を取り除いてくれる働きがあるので、ストレッチ前にお酢入りのホットドリンクなどを飲めば、体が温まり、筋肉もゆるみやすい状態になります。普通にストレッチをするよりも、効果を高める可能性はあります。

伝説 2

ストレッチは朝やっても夜やっても効果は変わらない。

ウソ！

朝のストレッチは、就寝中に硬くなってきた体をほぐし、その日のコンディションを整えてくれます。

そうすることで、その日の身体活動量が増えます。

たとえば、朝のストレッチを行うと、歩く時のストライドが数cm伸び、使われる筋肉が増え、1日の消費カロリーも増えるといった具合です。

一方、自分の柔軟性の限界値を引き上げたいなら、夜がベストです。

日中、適度に使った筋肉を入浴などで温めてからストレッチをするので、自己ベストとなる柔軟性を求めていくことができます。

ストレッチは頻度が大事と言われているので、朝と夜いずれかをやればいいというよりは、できるなら朝と夜両方やったほうが体にはいいでしょう。

伝説 3

ストレッチは静的なものより動的なもののほうがいい。

ウソ！

静的ストレッチとは、本書で紹介しているような基礎柔軟性を安全に高めるストレッチです。動的ストレッチは、スポーツ競技に近い動きで体の連動性を高め、その動作を柔らかくするものです。

　近年、静的ストレッチはスポーツパフォーマンスを落とすと言われる傾向があります。ただしそれは、いわゆる本番前のアスリートに限ってのこと。本番前に静的ストレッチで筋肉をゆるめれば、結果がほしい場面で筋肉の収縮（パワーを出すことなど）が遅れてしまうからです。どちらがいい悪いではなく、目的が違うのです。

　基礎柔軟性を高めるには、静的ストレッチを毎日行うのが正解。そこで培った柔軟性を、各競技により活かすために動的ストレッチを行うと考えるほうがいいでしょう。

伝説 4

白砂糖は体を硬くする。

ホント！

白砂糖は体を冷やすと言われており、摂取すると実際に筋温（筋肉の温度）が下がります。体は冷えると硬くなるので、この都市伝説は正解。おやつはお菓子などを避け、干し芋など自然由来の甘味を楽しめると理想的ですが、子どもにはキツい話かもしれませんね。

　また着色料などの添加物類や精製された食品は生体機能を弱め、筋肉にも成長にもあまりよくはないと言われています。白米より玄米など茶色い食材を食べましょうと言われるのはそのためです。

　いずれにしても、食事に関しては、体の成長という点からも、まずは三大栄養素をバランスよく食べることが大事です。お酢の項でも記した通り、疲労回復を意識するなら、クエン酸（柑橘類など）、ビタミンB群（豚肉、うなぎなど）を含む食事を摂るようにしてください。

おわりに

大きな夢をつかむ自信を身につけよう！

本書は、柔軟性を高めることをテーマにして記しました。「もっと運動能力を高めたい」という方は、私の前作『12歳までの最強トレーニング』（実業之日本社）に掲載したトレーニングを試してみてください。

柔軟性を高めて、体を動かして運動能力を上げる。運動会で活躍したり、スポーツテストでいい結果が出る。さて、その先には何があるのでしょうか。

私は、この過程で得られる「自信」がとても大事だと思っています。

ストレッチは、あと数cm伸びるか伸びないかという作業を日々繰り返します。届いたり、届かなかったりという成功と失敗の連続です。成功すれば、さらなる挑戦をしていきます。

それは小さな成功かもしれません。しかし、「できた！」という達成感は、失敗や努力を重ねた分、大きなものになります。その達成感を積み重ねることは、子どもにとって「できること」が増えていくことです。そしてそれは、「自分はできるんだ」という自信、自己肯定感につながっていきます。

つまり、運動ができるようになること、そのために柔軟性という土台作りをすることは、子どもたちの「自信」を育み、今後の人生を生きていく力になるのです。

「自信」は、自分の夢をつかむためのジャンプ力です。夢という高い目標に向かってジャンプする時に、自分を信じられる力が弱いと、中途半端なジャンプになり、とても夢には手が届きません。「自信」の力が強いほど、高くジャンプできて、大きな夢をつかむことができるのです。

運動ができるようになることが、後々の人生の幸せにつながる。それは心持ちの話だけでなく、将来の生活習慣病の予防にもなること、そもそも体が自由に動くほうが人生を楽しめるという、身体的な側面からもそう言えます。

将来の自分が輝く、夢をつかむためのトレーニング。そんな気持ちで日々のストレッチや運動を頑張ってください。

ジム紹介

LIFE TIME FITNESS

（ライフタイム・フィットネス）

〒243-0301
神奈川県愛甲郡愛川町角田580（『コピオ愛川』内）
TEL：046-286-5101
https://lifetime-fitness.jp/

「体内年齢を若返らせ、健康寿命（介護なしで生活できる年齢）を伸ばし、生涯現役で人生を楽しみたい人を応援する」というコンセプトのもと生まれたのが「ライフタイム・フィットネス」。

対処療法ではなく、根本的な健康を目指すために「やせる」「筋力アップする」「体力をつける」「柔軟性を高める」「介護を予防する」など、会員ごとの体にとって大切なことを総合的にサポート。日本最大のオンライン・フィットネスを作りあげた谷さんを中心に、セミパーソナル型の指導を行っている。メディカルフィットネスや介護の現場で活躍してきたトレーナーも常駐し、トレーニングだけではない、健康のためのジムを実現している。

profile

著者：谷 けいじ

1986年生まれ。福岡大学スポーツ科学部卒。株式会社ライフチアーズグループ代表。パーソナルトレーニングジム「レブルス」代表。大学卒業後にメディカルフィットネスクラブや病院・介護施設で技術を磨き、パーソナルトレーナーとして独立。これまでにJリーガー、競輪選手、プロゴルファーなどのトップアスリートから経営者などのビジネスエリート層、２歳の子どもから105歳の高齢者まで、職業年齢を問わず2000名以上の指導に従事した結果、「レブルス」は半年先まで予約待ちの人気ジムに。これらの実績を活かしてセミパーソナルジム「ライフタイム・フィットネス」のゼネラルマネージャーも務める。また都内を中心に講演活動、小学校での課外授業を行うほか、雑誌・TV出演など活動の場を広げている。著書に『どんな人でも、ペタッと前屈！』（永岡書店）、『12歳までの最強トレーニング』（実業之日本社）がある。

【オフィシャルページ】http://tanikeiji.com/

モデル：藤田 碧（あおい）くん
藤田 唯（ゆい）ちゃん

12歳までの最強ストレッチ

第１刷　2020年3月31日
第３刷　2022年3月10日

著　者　　谷 けいじ

発行者　　小宮英行
発行所　　株式会社 徳間書店
〒141-8202
東京都品川区上大崎 3-1-1
目黒セントラルスクエア
電話　編集 03-5403-4350
販売 049-293-5521
振替　00140-0-44392

印刷・製本　大日本印刷株式会社

ISBN 978-4-19-865066-7